中國學術思想 研究輯刊

九 編

林 慶 彰 主編

第 1 冊

《九編》總目

編 輯 部 編

《象傳》時義研究

賴 美 惠 著

花木蘭文化出版社

國家圖書館出版品預行編目資料

《象傳》時義研究／賴美惠 著 — 初版 — 台北縣永和市：花木
蘭文化出版社，2010〔民99〕

目 2+90 面；19×26 公分

（中國學術思想研究輯刊 九編；第 1 冊）

ISBN：978-986-254-265-1（精裝）

1. 易經　2. 注釋　3. 研究考訂

121.17　　　　　　　　　　　　　　　　　99014260

ISBN - 978-986-2542-65-1

9 789862 542651

中國學術思想研究輯刊

九　編　第一　冊　　　　　　　ISBN：978-986-254-265-1

《象傳》時義研究

作　者　賴美惠

主　編　林慶彰

總 編 輯　杜潔祥

出　版　花木蘭文化出版社

發 行 所　花木蘭文化出版社

發 行 人　高小娟

聯絡地址　台北縣永和市中正路五九五號七樓之三
　　　　　電話：02-2923-1455／傳眞：02-2923-1452

網　址　http://www.huamulan.tw 信箱 sut81518@ms59.hinet.net

印　刷　普羅文化出版廣告事業

封面設計　劉開工作室

初　版　2010 年 9 月

定　價　九編 20 冊（精裝）新台幣 33,000 元

《九編》總目

編輯部　編

《中國學術思想研究輯刊》九編　書目

易學研究專輯

第 一 冊　賴美惠　《彖傳》時義研究

第 二 冊　鄭玉姍　出土與今本《周易》六十四卦經文考釋（一）

第 三 冊　鄭玉姍　出土與今本《周易》六十四卦經文考釋（二）

第 四 冊　鄭玉姍　出土與今本《周易》六十四卦經文考釋（三）

第 五 冊　鄭玉姍　出土與今本《周易》六十四卦經文考釋（四）

第 六 冊　江弘遠　先秦漢魏以來音律卦氣占學史觀

第 七 冊　陳進益　聖者的訊息 —— 清焦循《易圖略、易通釋》研究

第 八 冊　王汝華　熊十力易學思想之研究

第 九 冊　劉昌佳　《彖傳》與儒道思想的比較研究

尚書研究專輯

第 十 冊　劉振維　論《今文尚書》中的天命觀與政治哲學

第十一冊　許華峰　董鼎《書傳輯錄纂註》研究

詩經學研究專輯

第十二冊　彭維杰　漢代詩教思想探微

第十三冊　季旭昇　《詩經》吉禮研究

　　　　　鄭岳和　《詩經・周南》詩篇研究——對人的肯定與祝福

第十四冊　侯美珍　聞一多《詩經》學研究

禮學研究專輯

第十五冊　陳麗蓮　早期儒家喪禮思想研究

春秋學研究專輯

第十六冊　何儒育　《春秋繁露》君王觀研究

四書學研究專輯

第十七冊　陳逢源　毛西河四書學之研究
第十八冊　鄧秀梅　朱子對《論語》的詮釋
　　　　　沈錦發　孟子民本思想之研究

學庸研究專輯

第十九冊　王聰明　《中庸》形上思想研究

經學史研究專輯

第二十冊　劉秀蘭　化經學為心學 —— 論慈湖之經學思想與理學之開新

《中國學術思想研究輯刊》九編
各書作者簡介・提要・目次

第一冊 《象傳》時義研究

作者簡介

　　賴美惠（1968-），台灣省台南縣人，國立高雄師範大學文學博士，目前爲崑山科技大學通識教育中心專任副教授。研究領域以《易經》爲主要範疇，代表著作有：《象傳時義研究》（碩士論文）、《王弼玄學思想研究》（博士論文），單篇論文有：〈台灣文學的點燈人——葉石濤先生專訪上下〉（國文天地第206/207期）、〈論朱子的道統觀——以《近思錄》的編纂爲探討中心〉（高師範大學國文研究所問學第6期）、〈大目降風情探勘〉（南瀛文獻第八輯）、〈核心通識課程大一國文之創意教學〉（優質通識課程與教學創新）和〈讀《易》示要〉（國文天地第300期）等。

提　要

　　壹、論題說明

　　研究《象傳》者，向來都會注意到一個問題，即是它的「時間」意識。《象傳》於釋卦的六十四卦卦辭中，使用「時」字者多達二十一次，而對「時」之發乎贊歎者，亦有十二卦，可見「時義」是稽索理解《象傳》的重要門徑。在深入探究《象傳》的時義內容時，發現作者的主要觀念與道家（尤其是老子）思想頗有關聯，然卻又本之於儒家，以爲正宗，到底《象傳》於儒、道之間扮演怎樣的角色，這的確是個值得討論的切題。因此，本文乃以「《象傳》之時

義研究」爲題，期能在有限的智識下，略表個人淺見，以資參考。

貳、研究範圍與方法

因本文論題的中心在《彖傳》，故研究的範圍以「先秦」思想爲主，所使用的版本則以宋・朱熹之《周易本義》準，旁及王弼《周易注》、孔穎達《周易正義》、程頤《易傳》、王夫之《周易內.外傳》等。由於《彖傳》的時義問題，牽涉到其思想本身的歷史傳承，因此論文的研究方法，不從經學入手，而著重於思想史的考察。首先，先探討《彖傳》一書之作者及形成背景，藉以概括其年代，爲往後幾章的討論奠基。第二章，將《彖傳》之思想內容略作敘述，以知其要。第三章則爲探討《彖傳》之所以重視「時」義的緣由，從《周易》發展的演變看來，幾乎每個階段的《易》都強調「時」，然而何獨僅《彖傳》於它所處的年代提出這樣的主張，頗值玩味。第四章即進入本論文的研究重心，針對《彖傳》受儒、道二家影響的部分加以分析解讀，並參合原始資料，來說明《彖傳》代所賦予的時代意義。

參、研究結論

《彖傳》作者，實際上可以說是儒、道思想中間的調合者。其倡「時」義的目的，無非是爲了修正道家，補充儒家，進而融合二家的學說。

目　次

第一章　序　論 ……………………………………………………………… 1
第二章　《彖傳》概述 …………………………………………………… 13
　第一節　《彖傳》之名義辨識 ……………………………………… 13
　第二節　《彖傳》之義例 …………………………………………… 18
　第三節　《彖傳》之主要思想 ……………………………………… 27
第三章　《彖傳》時義之思想淵源 …………………………………… 31
　第一節　易經中的象位傳統 ………………………………………… 31
　　一、八卦中之「時」與「位」 …………………………………… 31
　　二、六十四卦中之宇宙秩序 ……………………………………… 35
　　三、「周易」一名之循環觀 ……………………………………… 38
　第二節　儒學傳統 …………………………………………………… 40
　　一、《論語》中之「時」與「中」 ……………………………… 41
　　二、《孟子》中之「時」與「中」 ……………………………… 42
　第三節　道家思想的衝擊 …………………………………………… 44

　　一、《老子》中之時中觀 …………………………………………………… 45

　　二、《莊子》中之時中觀 …………………………………………………… 49

第四章　《彖傳》時義之探討 ………………………………………………… 53

　第一節　「時」與「位」之相應 …………………………………………… 53

　　一、「時」與「位」之關係 ……………………………………………… 53

　　二、「位」依於「時」 …………………………………………………… 54

　　三、「時」合「位」義 …………………………………………………… 54

　第二節　《彖傳》時義之內涵 ……………………………………………… 55

　　一、創化的宇宙觀 ………………………………………………………… 55

　　二、變易之宇宙觀 ………………………………………………………… 58

　　三、循環之宇宙觀 ………………………………………………………… 71

　第二節　時義之掌握 —— 執守中道 ……………………………………… 73

　　一、《彖傳》「時中」的兩個觀念 ……………………………………… 73

　　二、時　中 ………………………………………………………………… 76

　第三節　《彖傳》時義之終極目標 ………………………………………… 78

　　一、天、地、人三才並立 ………………………………………………… 78

　　二、天人關係之融合 ……………………………………………………… 78

第五章　結　論 ……………………………………………………………… 81

參考及引用書目 ……………………………………………………………… 87

第二、三、四、五冊　出土與今本《周易》六十四卦經文考釋

作者簡介

　　鄭玉姍，國立臺灣師範大學國文學系學士，國立臺灣師範大學國文研究所碩士，國立臺灣師範大學國文研究所博士。現為世新大學中文系兼任講師。

　　單篇論文著作：〈《詩・小雅・斯干》「生男載床生女載地」風俗新探〉（《中國學術年刊》第 24 期，2003.6）、〈書評：裘錫圭：《中國出土古文獻十講》〉（《哲學與文化月刊》第 394 期，2007.3）、〈張養浩《雲莊樂府》中表現儒者入世精神之篇章〉（《孔孟月刊》四十五卷第 11、12 期，2007.8）、〈新出土〈孔子詩論・木瓜〉與傳統詩學〈衛風・木瓜〉之比較〉（《孔孟月刊》四十七卷第 5、

6 期，2009.2）。

出版專書：《上海博物館藏戰國楚竹書（一）讀本》（台北市：萬卷樓（與季旭昇教授等合著），2004.6）、《古典文獻研究輯刊（六）•《上博（一）孔子詩論研究》（修訂版）》（台北縣：花木蘭文化出版社，2008.3）、《上海博物館藏戰國楚竹書（一）讀本（修訂版）》（北京：北京大學出版社（與季旭昇教授等合著），2009.1）。

提　要

《周易》流傳已久，自漢以降，其書冠五經之首。而《周易》文字古奧簡鍊，歷代學者對其卦爻辭解釋往往出入甚大卻又言之成理，常令今之研究者無所適從。

所幸地不愛寶，近半個世紀以來多種古本《周易》紛紛出土，西元 1973 年 12 月，湖南馬王堆三號漢墓中出土帛書《周易》。1977 年 7 月，安徽阜陽雙古堆一號漢墓出土《周易》殘簡。西元 1994 年，上海博物館從香港購得一批楚竹書，簡稱爲「上博簡」；2003 年 12 月上海古籍出版社出版《上海博物館藏戰國楚竹書（三）》，其中有《周易》58 支簡，涉及 34 個卦的內容，年代約在戰國末期。以上三種傳本皆有卦畫、卦辭與爻辭，文字內容與今傳本也多能相合；由上博《周易》、阜陽《周易》、帛書《周易》至今本《周易》，相當完整地呈現了《周易》自戰國晚期至西漢初、再至今之定本的演變源流與內容變化。

本論文以《出土與今本《周易》六十四卦經文考釋》爲研究專題，將上述四版本《周易》六十四卦經文之卦畫、卦辭、爻辭互相比對，探討四版本在卦畫、卦辭、爻辭之異同。由小學入經學，以期發明出土《周易》與今本《周易》在字形書寫及卦、爻辭內容之異同。希望透過目前出土的簡帛《周易》所呈現的資料，對於今本《周易》之文字與義理內容，能有更多認識與啓發。

目　次

第一冊

凡　例

第一章　緒　論 ……………………………………………………………………… 1

　第一節　研究動機與目的 ……………………………………………………… 1

　第二節　研究方法 ……………………………………………………………… 4

第三節　上博《周易》概況 ……………………………………………5

第四節　阜陽《周易》概況 ……………………………………………7

第五節　帛書《周易》概況 ……………………………………………11

第六節　出土《周易》與今本《周易》經文對照 ……………………14

第二章　出土與今本《周易》六十四卦經文考釋‧上經三十卦 ………57

第一節　乾卦 ……………………………………………………………57

第二節　坤卦 ……………………………………………………………92

第三節　屯卦 ……………………………………………………………113

第四節　蒙卦 ……………………………………………………………134

第五節　需卦 ……………………………………………………………156

第六節　訟卦 ……………………………………………………………173

第七節　師卦 ……………………………………………………………199

第八節　比卦 ……………………………………………………………221

第二冊

第九節　小畜卦 …………………………………………………………243

第十節　履卦 ……………………………………………………………254

第十一節　泰卦 …………………………………………………………266

第十二節　否卦 …………………………………………………………277

第十三節　同人卦 ………………………………………………………287

第十四節　大有卦 ………………………………………………………297

第十五節　謙卦 …………………………………………………………314

第十六節　豫卦 …………………………………………………………328

第十七節　隨卦 …………………………………………………………345

第十八節　蠱卦 …………………………………………………………364

第十九節　臨卦 …………………………………………………………377

第二十節　觀卦 …………………………………………………………385

第二十一節　噬嗑卦 ……………………………………………………395

第二十二節　賁卦 ………………………………………………………407

第二十三節　剝卦 ………………………………………………………416

第二十四節　復卦 ………………………………………………………425

第二十五節　无妄卦 ……………………………………………………434

第二十六節　大畜卦 …………………………………………………… 451

第二十七節　頤卦 ……………………………………………………… 469

第三冊

第二十八節　大過卦 …………………………………………………… 485

第二十九節　坎卦 ……………………………………………………… 495

第 三 十 節　離卦 ……………………………………………………… 507

第三章　出土與今本《周易》六十四卦經文考釋・下經三十四卦 …… 519

第三十一節　咸卦 ……………………………………………………… 519

第三十二節　恆卦 ……………………………………………………… 531

第三十三節　遯卦 ……………………………………………………… 543

第三十四節　大壯卦 …………………………………………………… 555

第三十五節　晉卦 ……………………………………………………… 565

第三十六節　明夷卦 …………………………………………………… 576

第三十七節　家人卦 …………………………………………………… 587

第三十八節　睽卦 ……………………………………………………… 596

第三十九節　蹇卦 ……………………………………………………… 613

第 四 十 節　解卦 ……………………………………………………… 623

第四十一節　損卦 ……………………………………………………… 635

第四十二節　益卦 ……………………………………………………… 645

第四十三節　夬卦 ……………………………………………………… 656

第四十四節　姤卦 ……………………………………………………… 671

第四十五節　萃卦 ……………………………………………………… 683

第四十六節　升卦 ……………………………………………………… 696

第四冊

第四十七節　困卦 ……………………………………………………… 705

第四十八節　井卦 ……………………………………………………… 718

第四十九節　革卦 ……………………………………………………… 737

第 五 十 節　鼎卦 ……………………………………………………… 749

第五十一節　震卦 ……………………………………………………… 760

第五十二節　艮卦 ……………………………………………………… 770

第五十三節　漸卦 ……………………………………………………… 784

第五十四節　歸妹卦⋯⋯⋯⋯⋯⋯⋯⋯⋯⋯⋯⋯⋯801

第五十五節　豐卦⋯⋯⋯⋯⋯⋯⋯⋯⋯⋯⋯⋯⋯⋯812

第五十六節　旅卦⋯⋯⋯⋯⋯⋯⋯⋯⋯⋯⋯⋯⋯⋯828

第五十七節　巽卦⋯⋯⋯⋯⋯⋯⋯⋯⋯⋯⋯⋯⋯⋯839

第五十八節　兌卦⋯⋯⋯⋯⋯⋯⋯⋯⋯⋯⋯⋯⋯⋯849

第五十九節　渙卦⋯⋯⋯⋯⋯⋯⋯⋯⋯⋯⋯⋯⋯⋯857

第 六 十 節　節卦⋯⋯⋯⋯⋯⋯⋯⋯⋯⋯⋯⋯⋯⋯870

第六十一節　中孚卦⋯⋯⋯⋯⋯⋯⋯⋯⋯⋯⋯⋯⋯878

第六十二節　小過卦⋯⋯⋯⋯⋯⋯⋯⋯⋯⋯⋯⋯⋯889

第六十三節　既濟卦⋯⋯⋯⋯⋯⋯⋯⋯⋯⋯⋯⋯⋯900

第六十四節　未濟卦⋯⋯⋯⋯⋯⋯⋯⋯⋯⋯⋯⋯⋯910

第四章　結　論⋯⋯⋯⋯⋯⋯⋯⋯⋯⋯⋯⋯⋯⋯⋯⋯923

第一節　研究成果與總結⋯⋯⋯⋯⋯⋯⋯⋯⋯⋯⋯923

一、出土《周易》與今本的異同⋯⋯⋯⋯⋯⋯⋯923

二、出土《周易》與今本對讀後的啓發與問題⋯⋯939

三、出土《周易》與今本對讀後的心得與創見⋯⋯941

第二節　研究價值與展望⋯⋯⋯⋯⋯⋯⋯⋯⋯⋯⋯950

一、研究價值⋯⋯⋯⋯⋯⋯⋯⋯⋯⋯⋯⋯⋯⋯⋯950

二、研究展望⋯⋯⋯⋯⋯⋯⋯⋯⋯⋯⋯⋯⋯⋯⋯951

參考文獻⋯⋯⋯⋯⋯⋯⋯⋯⋯⋯⋯⋯⋯⋯⋯⋯⋯⋯⋯953

第六冊　先秦漢魏以來音律卦氣占學史觀

作者簡介

江弘遠，1962 年生於台北市，1988 年以黃慶萱教授指導論文《惠棟易例研究》獲得台師大國研所碩士學位，今列入大陸清代學術史研究書目。2006年以王葆玹教授所指導論文《京氏易學研究》，獲得北京中國社科院哲學博士學位，2006 年更名爲《京房易學流變考》在臺出版，2007 年獲得副教授升等資格。發表於《中台學報》有〈戰國秦漢之《周易》象數學概況〉、〈構築當代《易》學研究方法之反思——以惠棟對京氏《易》之誤解爲例〉、〈漢代兩京房《易》術考〉、〈管輅玄理化《易》學研究〉、〈晉代干寶爲京房《易》後學之辨正〉、〈《易傳》聖人意象思維之通解〉、〈漢代《易緯》大義通解〉。

提 要

　　律卦占淵遠流長，戰國秦簡《日書》已有相似內容，十二階段天道形式源於當時。取代京房律法的納音法，配入的納甲八宮消息卦及世游八宮卦，均發展自《說卦》八卦。兩漢之際，京氏律卦占挾官學之勢盛行許久，卻因費氏後學的反擊而博士被廢。東漢時費氏後學紛作《易》傳注，加上京律蕪雜，已無師可傳而徒有其書。是以魏朝管輅自習京氏律卦，頗有中興之勢，奈何一介平民只被視為術士。其情勢逐由掃象數獨抒義理的王弼所掩，而王弼用費《易》本，孔《正義》又採王弼注做為藍本，於是蔚為風潮，京氏律占終難回天。京房六十律卦，晉代更易為六十干支配五音，京律又被簡易的「五音六屬」之納音所取代。漢末荀爽八宮世爻占學乃承費直《易》，虞翻納甲占學變自《參同契》「月體納甲」而依附八宮世爻，干寶則集大成以釋《易》，皆應排除在京房後學行列之外。而北宋《京氏易傳》當上溯干寶、虞翻、荀爽、費直這一系統，理當承接武帝時前京房以至子夏，而回歸至孔門的筮占之流。元帝時後京房則屬陰陽災異卦氣之流，襲取焦延壽、孟喜之學。由此觀之，孟喜詐言得自田何的《易》家候陰陽災變書，也可視做戰國秦簡《日忌書》之繩緒。

目 次

自 序

引 論 ………………………………………………………………………………………… 1

上篇──律卦占的時代背景和源起思維 ………………………………………… 7

第壹章 戰國秦漢之《周易》象數學概況 …………………………………… 9

　壹、《易傳》所說象數的來源及含義 …………………………………………… 9

　　一、卦象是源於聖人之觀物象 ………………………………………………… 9

　　二、陰陽爻互變肇因於事物的變 …………………………………………… 12

　　三、物象變化則有數，而後有卦之象 …………………………………… 13

　　四、時依於數 …………………………………………………………………… 14

　　五、卦爻為時與位、數與象的合和體 …………………………………… 16

　　六、《周易》的象數價值乃在建構天人關係而為民所用 …………… 17

　貳、從出土史籍資料討論若干戰國秦漢之象數問題 ………………… 18

　　一、「數字卦」初探 …………………………………………………………… 18

　　二、陰陽思想起源及發展 ………………………………………………… 20

　　三、五行滲入《周易》象數的領域 …………………………………… 25

四、京氏卦占與陰陽五行 ⋯⋯⋯⋯⋯⋯⋯⋯⋯⋯⋯⋯ 32

第貳章　《易傳》聖人意象思維之通解 ⋯⋯⋯⋯⋯ 39

壹、聖人設卦的原由及條件 ⋯⋯⋯⋯⋯⋯⋯⋯⋯⋯⋯ 40

　一、設卦聖人擁有效法天地的本領 ⋯⋯⋯⋯⋯⋯ 40

　二、設卦聖人擁有超凡入神的意志 ⋯⋯⋯⋯⋯⋯ 44

　三、設卦聖人擁有理解此世界的性情 ⋯⋯⋯⋯⋯ 47

貳、繼承者所具備的資質 ⋯⋯⋯⋯⋯⋯⋯⋯⋯⋯⋯⋯ 53

　一、善繼者具備知幾入神的能力 ⋯⋯⋯⋯⋯⋯⋯ 53

　二、知《易》是以簡御繁 ⋯⋯⋯⋯⋯⋯⋯⋯⋯⋯ 54

　三、知物象變化起於性情之動 ⋯⋯⋯⋯⋯⋯⋯⋯ 56

　四、知不同性情可得不同之理象 ⋯⋯⋯⋯⋯⋯⋯ 57

　五、知《易》可依理起數以得其象 ⋯⋯⋯⋯⋯⋯ 58

　六、知變動不居顯示出人道之有常 ⋯⋯⋯⋯⋯⋯ 60

　七、知《易》使人知懼以正德利用厚生 ⋯⋯⋯⋯ 62

　八、知《易》在落實人道之和 ⋯⋯⋯⋯⋯⋯⋯⋯ 64

　九、知可藉四聖道以推廣事業 ⋯⋯⋯⋯⋯⋯⋯⋯ 66

中篇──律卦占的主要人物及其學說 ⋯⋯⋯⋯⋯ 71

第參章　漢代兩京房《易》占學考 ⋯⋯⋯⋯⋯⋯ 73

壹、兩京房背景考 ⋯⋯⋯⋯⋯⋯⋯⋯⋯⋯⋯⋯⋯⋯⋯ 73

　一、時代問題 ⋯⋯⋯⋯⋯⋯⋯⋯⋯⋯⋯⋯⋯⋯⋯ 73

　二、承襲流傳問題 ⋯⋯⋯⋯⋯⋯⋯⋯⋯⋯⋯⋯⋯ 74

　三、學說承傳之正統問題 ⋯⋯⋯⋯⋯⋯⋯⋯⋯⋯ 75

貳、兩京房《易》術考 ⋯⋯⋯⋯⋯⋯⋯⋯⋯⋯⋯⋯⋯ 76

　一、武帝時前京房之《易》術 ⋯⋯⋯⋯⋯⋯⋯⋯ 76

　二、元帝時後京房之《易》術 ⋯⋯⋯⋯⋯⋯⋯⋯ 77

　三、卜筮與候卦氣法之比較 ⋯⋯⋯⋯⋯⋯⋯⋯⋯ 78

參、晁說之所獻《京氏易傳》的源起之疑議 ⋯⋯⋯ 80

第肆章　管輅玄理化《易》學研究 ⋯⋯⋯⋯⋯⋯ 87

壹、管輅其人其事 ⋯⋯⋯⋯⋯⋯⋯⋯⋯⋯⋯⋯⋯⋯⋯ 87

　一、《管輅別傳》文本說明 ⋯⋯⋯⋯⋯⋯⋯⋯⋯ 87

　二、管輅生平傳略 ⋯⋯⋯⋯⋯⋯⋯⋯⋯⋯⋯⋯⋯ 88

貳、管輅《周易》學 ……………………………………………… 89

　一、與卦爻辭十翼相同或相近 …………………………………… 89

　二、與《經》、《傳》相異者 …………………………………… 90

　三、提出質疑者 ………………………………………………… 90

參、管輅象數《易》特色 ………………………………………… 91

　一、風角、鳥鳴、音律 ………………………………………… 91

　二、管輅象數《易》條例的源本 ……………………………… 93

肆、管輅義理《易》的特色 ……………………………………… 96

　一、管輅給予吾人名相的啓示 ………………………………… 96

　二、管輅確立性理與天道的關係 ……………………………… 97

　三、管輅啓發吾人心性反應與音律週期的相關性 …………… 99

　四、管輅本體化之時空論述 ………………………………… 100

　五、管輅用象數來詮釋天人合一之義理 …………………… 101

伍、管輅義理《易》的承襲及影響 …………………………… 102

　一、發揮儒家及《十翼》道德思想 ………………………… 102

　二、發揮儒家性道合一思想 ………………………………… 103

　三、發揮道家思想 …………………………………………… 104

　四、闡釋漢代《易》的思想 ………………………………… 105

　五、與魏晉思想接軌 ………………………………………… 107

陸、管輅在《易》學史的地位 ………………………………… 108

　一、管輅繼承京氏象數並開展五行雜占的路線 …………… 108

　二、管輅《易》由卜筮陰陽哲理轉入三玄 ………………… 109

　三、管輅是用玄學思想發揮漢代的天人相感思想者 ……… 109

　四、管輅「意言之辨」影響王弼「得意忘言」之說 ……… 109

　五、管輅是體用合一的實踐家 ……………………………… 109

　六、管輅是將玄談的「道」象數具體化者 ………………… 110

　七、管輅是融合儒道思想於漢代術數者 …………………… 110

下篇──取代律卦占的人物、作品及學術內容 …………… 111

第伍章　費氏時位形式《易》占學概說 …………………… 113

　壹、費直其人及其《易》學 ……………………………… 114

　貳、費直其《易》注及《易》文 ………………………… 118

參、費氏所傳《周易分野》的原委…………………………119

肆、費直《易》占學的影響…………………………………123

伍、費氏《易》占學在史學上的價值………………………124

第陸章　漢代《易緯》大義通解……………………………129

　　壹、《易緯》的宇宙論及其影響…………………………130

　　貳、《易緯》的律卦占學範疇……………………………133

　　　　一、《漢書》及注文所言京房《易》占學的形式……134

　　　　二、《易緯》對於律卦形式的闡述……………………134

　　參、《易緯》八卦占學………………………………………141

　　　　一、《易緯》將《說卦》八卦地道形式賦予天道形式之時間參數……142

　　　　二、確立八卦卦氣形式……………………………143

　　　　三、確立八卦配五行音律的原理…………………143

　　　　四、銜接《易傳》到八宮卦………………………144

　　　　五、銜接律卦到八宮卦……………………………145

　　　　六、影響後世占學之說……………………………147

　　肆、《易緯》義理範疇的論述……………………………150

　　　　一、詮釋《周易》含義……………………………150

　　　　二、詮釋《易傳》含義……………………………151

　　伍、《易傳》本體論述和《易緯》宇宙論述之討論……153

　　陸、《易緯》的特色………………………………………154

　　　　一、律卦形式方面…………………………………154

　　　　二、八卦形式方面…………………………………155

　　柒、《易緯》的史學價值…………………………………155

第柒章　京房《易》後學之辨正──以荀爽、虞翻和干寶為例……157

　　壹、從史書記載的生平事蹟來看…………………………157

　　　　一、荀爽生平………………………………………157

　　　　二、虞翻生平………………………………………158

　　　　三、干寶生平………………………………………160

　　貳、從《易》注文及文本來看……………………………160

　　　　一、荀爽《易》注…………………………………160

　　　　二、虞翻《易》注…………………………………161

　　　三、干寶《易》注 ·· 162

　　參、從史錄《易》說來看 ·· 163

　　肆、就卜筮與卦氣之區分來看 ·· 166

　　伍、就京房承習孟焦候陰陽異書來看 ······································ 167

　　陸、從各學派後學之說的特色來看 ··· 167

　　柒、就誤解費直《易》來看 ·· 168

　　捌、由《京氏易傳》來看 ··· 169

第捌章　《易》納音占流變史觀 ·· 173

　　壹、戰國 —— 音律占的創始期 ··· 173

　　貳、西漢京房《易》—— 音律占的大盛期 ······························ 174

　　參、《樂緯》《律歷》如是說 ·· 177

　　肆、戰國至魏 —— 律占與筮占之間外在形式的轉變期 ·············· 179

　　　一、《說卦》父母六子說 ·· 179

　　　二、《乾鑿度》爻辰說 ··· 179

　　　三、漢末荀爽宮世說 ·· 180

　　　四、三國虞翻納甲說 ·· 181

　　伍、晉代 —— 納音占的應用及內在理論的重建 ······················ 181

　　　一、晉朝干寶納音占的應用 ·· 182

　　　二、晉朝葛洪《抱朴子》—— 五音六屬名義的確立 ··············· 182

　　陸、隋唐 —— 納音名義的進一步闡發 ···································· 185

　　柒、北宋至今 —— 京房《易》學誤解期 ································ 190

結　論 ·· 199

參考文獻 ··· 205

第七冊　聖者的訊息——清焦循《易圖略、易通釋》研究

作者簡介

　　陳進益，東吳大學文學博士，清雲科技大學副教授，1968 年出生於台北城。高中時喜歡現代文學，進了中文系，方知美好的文學世界不只有現代。大二因爲毓老師的提點，明白生命當有重量，遂甘心往傳統學術深處走去，研究經學。又因想對生命清楚了知，於是研究《易經》，靜讀佛典。近年來沈浸於飲茶、品香、寫字與讀無用之書，試圖藉此親近傳統中國文人生活。除了本書

之外，另著有《當僧人遇見易經——蕅益智旭易佛會通研究》，並主編《清雲中文讀本》等書。

提　要

　　中國《易》學傳統有漢、宋二家之分，大概言之，宗漢《易》者多論卦爻變化，主宋《易》者多講義理。二者無高下之分，只是入《易》蹊徑不同。焦循生於乾嘉年間，治《易》自有斟酌此二家長短之念，故其《易》學，觀外貌則近漢《易》家卦爻變化，究內涵又近宋《易》家多談義理，故論者人言言殊。實則焦循在《易》為聖人所作，乃聖人教人改過遷善之書的中心理念下，採取漢《易》家卦爻變化之技巧，將《易》中文字概念一一溝通縫合，達成其近宋《易》家《易》為聖人所作的理念。

　　焦循何以不管前人懷疑〈易傳〉非一人所作，而一再為《易》乃聖人之作的概念做論證呢？這與他丁卯春三月大病昏絕七日幾死，在一切皆無所知的情況下，卻仍有〈雜卦傳〉一篇往來於胸中的生命經驗極有關係。這就有如劉勰夢見孔子而作《文心雕龍》的感受是一樣的。焦循認為這是聖人要將《易》學傳承到他手中的重大提醒，因此，他一生治《易》，不論如何困難輾轉，總是能夠堅持下去。當然，他幼時上學回家，父親問他《易》辭何以重複？更是點醒他一生治學皆重觀察研究的實作精神，而不只是人云亦云不求甚解的重大關鍵。

　　在上述的時代背景與生命經驗交織下，焦循綜合了中國《易》學發展中的卦變與義理，發展出他以旁通、相錯、時行、比例與當位失道的方法，將《易》中經傳文字完全勾合，為《易》立例，寫下《易學三書》，說明聖人作《易》的一貫之旨，奠定了他在《易》學發展史中不可抹滅的重要地位，而他用盡一生力氣所追尋的"聖者訊息"也終於發生。

目　次

第一章　緒　論……………………………………………………………………1
　第一節　本文之研究動機、目的、方法及範圍……………………………1
　　一、本文之研究動機與目的……………………………………………1
　　二、本文之研究方法及範圍……………………………………………3
　第二節　元、明以來之學風及清初《易》學發展概況…………………6
　　一、元、明以來之學風…………………………………………………7
　　二、清初學風及其《易》學發展概況………………………………17

第二章　《易圖略》之分析（一）焦循《易》學方法論 ·················· 25
　第一節　《易圖略》成書動機及其目的 ·························· 25
　第二節　焦循治《易》方法分析 ······························ 28
　　一、《易圖略》內容簡介 ································· 29
　　二、焦循《易》學方法論分析 ····························· 29
　第三節　結　語 ·· 84
第三章　《易圖略》之分析（二）焦循《易》學之基本觀念 ·············· 87
　第一節　焦循之《易》學觀念 ── 「八原」之分析 ················· 88
　　一、原卦 ··· 90
　　二、原名 ··· 95
　　三、原序 ··· 97
　　四、原象、象 ······································ 99
　　五、原辭 ·· 104
　　六、原翼 ·· 107
　　七、原筮 ·· 112
　第二節　焦循對前人《易》說之批評 ── 「十論」之分析 ··········· 116
　　一、論《連山、歸藏》 ································· 116
　　二、論卦變 ······································· 121
　　三、論「半象」 ····································· 133
　　四、論「兩象易」 ···································· 135
　　五、論「納甲」 ····································· 136
　　六、論「納音」 ····································· 141
　　七、論「卦氣六日七分」 ······························· 145
　　八、論「爻辰」 ····································· 149
　第三節　結　語 ··· 158
第四章　《易通釋》之分析 ── 焦循《易》例之設立 ················· 161
　第一節　《易通釋》成書動機與目的 ··························· 161
　　一、《易通釋》成書動機在於里堂幼年，其父所問《易》辭何以重複
　　　　出現之問題也 ··································· 161
　　二、《易通釋》成書目的乃欲求得聖人作《易》之意也 ·············· 164
　　三、里堂生活經驗對其《易》學之重大影響 ···················· 164

　　第二節　《易通釋》之內容分析⋯⋯⋯⋯⋯⋯⋯⋯⋯⋯⋯⋯166

　　　一、關於文王之十二字教⋯⋯⋯⋯⋯⋯⋯⋯⋯⋯167

　　　二、《周易》卦爻變化之幾個關鍵字⋯⋯⋯⋯⋯⋯⋯191

　　第三節　結　語⋯⋯⋯⋯⋯⋯⋯⋯⋯⋯⋯⋯⋯⋯⋯⋯227

第五章　總　結⋯⋯⋯⋯⋯⋯⋯⋯⋯⋯⋯⋯⋯⋯⋯⋯⋯⋯⋯229

引用及參考書目⋯⋯⋯⋯⋯⋯⋯⋯⋯⋯⋯⋯⋯⋯⋯⋯⋯⋯⋯235

第八冊　熊十力易學思想之研究

作者簡介

　　王汝華，祖籍山東‧安邱，1963 年生於台灣‧台南。1982 年台南師專畢，1991 年台灣師範大學國文研究所畢。曾任小學教師，現任台南科技大學副教授，研究方向爲《易經》及當代新儒家哲學。著有《宋明儒學的當代三詮 ——兼及梁漱溟、熊十力、馬一浮的交游尋繹》、《熊十力學術思想中的一聖二王》、《十力齋論學集》、《易學索玩》、《易札二種》，及單篇論文〈孔學的現代重光 —— 由梁漱溟「新孔學」的五個向度入探〉、〈「結交澹若水　履道直如弦」——熊十力與梁漱溟之間的四點觀察〉、〈「樂是樂此學　學是學此樂」——梁漱溟對泰州學派的現代繼承與改造〉、〈宏觀視野與細緻考證的交奏 —— 余英時《朱熹的歷史世界 —— 宋代士大夫的政治世界》的五個面向〉、〈析異觀通靈活出入 —— 以熊十力二對學術資源之運用爲例〉等二十餘篇。

提　要

　　熊十力治學，神解獨特、氣魄雄偉、規模宏闊，發三百萬恢弘之言，作《讀經示要》傳其心脈，撰《新唯識論》以振斯文，並以《易》爲抒機根本，創明體用之學。本文即措意於其易學，別爲八章，凡二十餘萬言。

　　首章略觀其生平行事及著作大要；次章窺其思想之淵源；第三章則紹述熊十力對歷代易學、易家之批評；第四章藉《讀經示要》析論其釋易方式；第五章陳其體用之學；第六章推闡其天人觀、知識論與治化論；第七章綜言其易學之要目、迴響及若干猶待商榷之處；末章則試作總結。篇後附以參考書目，凡文中援引之著作及其頁次，悉依參考書目所列版本爲據，而凡引及《新唯識論》者，如未另標以「文言本」，則均指謂語體本。

　　透過熊十力易學，得以啓益吾人者有三：一、知融會之要：熊十力融中西、

會群經、攝諸學，澡瀹疏通、博而有要，推原於《易》而不必以《易》爲圄也。
其二、明揀擇之要：熊十力於《易》，固然工夫厚足、慧見周透，然疏漏亦在
所難免，至於若干異說亦不必強求其同，當揀擇其要以用力也。其三、識推擴
之要：由熊十力易學得以照見船山、焦循、王弼……等，識知諸家易學皆有可
觀，索易脈絡，探易玄旨，其徑可謂多方也。

目　次

重刊自序
第一章　引　論 …………………………………………………………… 1
　第一節　生平簡譜 …………………………………………………… 1
　第二節　著作簡介 ………………………………………………… 12
　　一、《熊子眞心書》 …………………………………………… 12
　　二、《唯識學概論》第一種講義本 ………………………… 12
　　三、《唯識學概論》第二種講義本 ………………………… 13
　　四、《因明大疏刪注》 ………………………………………… 13
　　五、《唯識論》 ………………………………………………… 14
　　六、《新唯識論》文言本 …………………………………… 14
　　七、《破破新唯識論》 ………………………………………… 15
　　八、《佛家名相通釋》 ………………………………………… 16
　　九、《中國歷史講話》 ………………………………………… 16
　　十、《新唯識論》語體本 …………………………………… 17
　　十一、《讀經示要》 …………………………………………… 18
　　十二、《十力語要》 …………………………………………… 20
　　十三、《十力語要初續》 ……………………………………… 21
　　十四、《韓非子評論》 ………………………………………… 21
　　十五、《摧惑顯宗記》 ………………………………………… 22
　　十六、《與友人論張江陵》 …………………………………… 22
　　十七、《論六經》 ……………………………………………… 23
　　十八、《新唯識論》壬辰刪定本 …………………………… 23
　　十九、《原儒》 ………………………………………………… 24
　　二十、《體用論》 ……………………………………………… 25
　　二十一、《明心篇》 …………………………………………… 26

二十二、《乾坤衍》⋯⋯⋯⋯⋯⋯⋯⋯⋯⋯⋯⋯⋯⋯⋯⋯26
二十三、《存齋隨筆》⋯⋯⋯⋯⋯⋯⋯⋯⋯⋯⋯⋯⋯⋯26
二十四、《先世述要》⋯⋯⋯⋯⋯⋯⋯⋯⋯⋯⋯⋯⋯⋯27
二十五、《熊十力與劉靜窗論學書簡》，劉述先編⋯⋯27

第二章　熊十力學說之思想淵源⋯⋯⋯⋯⋯⋯⋯⋯⋯⋯⋯⋯29
第一節　一聖二王之歸嚮暨闡揚⋯⋯⋯⋯⋯⋯⋯⋯⋯⋯29
一、孔子⋯⋯⋯⋯⋯⋯⋯⋯⋯⋯⋯⋯⋯⋯⋯⋯⋯⋯29
二、王陽明⋯⋯⋯⋯⋯⋯⋯⋯⋯⋯⋯⋯⋯⋯⋯⋯⋯31
三、王船山⋯⋯⋯⋯⋯⋯⋯⋯⋯⋯⋯⋯⋯⋯⋯⋯⋯35

第二節　諸子各家之擷取與融會⋯⋯⋯⋯⋯⋯⋯⋯⋯⋯39
一、孟子⋯⋯⋯⋯⋯⋯⋯⋯⋯⋯⋯⋯⋯⋯⋯⋯⋯⋯39
二、程明道⋯⋯⋯⋯⋯⋯⋯⋯⋯⋯⋯⋯⋯⋯⋯⋯⋯40
三、程伊川⋯⋯⋯⋯⋯⋯⋯⋯⋯⋯⋯⋯⋯⋯⋯⋯⋯42
四、朱熹⋯⋯⋯⋯⋯⋯⋯⋯⋯⋯⋯⋯⋯⋯⋯⋯⋯⋯44
五、陸九淵⋯⋯⋯⋯⋯⋯⋯⋯⋯⋯⋯⋯⋯⋯⋯⋯⋯46
六、陳白沙⋯⋯⋯⋯⋯⋯⋯⋯⋯⋯⋯⋯⋯⋯⋯⋯⋯48

第三節　佛道哲學之取舍和參贊⋯⋯⋯⋯⋯⋯⋯⋯⋯⋯49
一、佛家思想之取舍和參贊⋯⋯⋯⋯⋯⋯⋯⋯⋯⋯49
二、道家哲學之取舍和參贊⋯⋯⋯⋯⋯⋯⋯⋯⋯⋯51

第四節　近人師友之輔翼及切磋⋯⋯⋯⋯⋯⋯⋯⋯⋯⋯53
一、嚴復⋯⋯⋯⋯⋯⋯⋯⋯⋯⋯⋯⋯⋯⋯⋯⋯⋯⋯53
二、康有爲⋯⋯⋯⋯⋯⋯⋯⋯⋯⋯⋯⋯⋯⋯⋯⋯⋯54
三、譚嗣同⋯⋯⋯⋯⋯⋯⋯⋯⋯⋯⋯⋯⋯⋯⋯⋯⋯55
四、章炳麟⋯⋯⋯⋯⋯⋯⋯⋯⋯⋯⋯⋯⋯⋯⋯⋯⋯56
五、歐陽漸⋯⋯⋯⋯⋯⋯⋯⋯⋯⋯⋯⋯⋯⋯⋯⋯⋯57
六、馬一浮⋯⋯⋯⋯⋯⋯⋯⋯⋯⋯⋯⋯⋯⋯⋯⋯⋯59
七、梁漱溟⋯⋯⋯⋯⋯⋯⋯⋯⋯⋯⋯⋯⋯⋯⋯⋯⋯61
八、林宰平⋯⋯⋯⋯⋯⋯⋯⋯⋯⋯⋯⋯⋯⋯⋯⋯⋯61

第五節　西方學說之衝激及開廣⋯⋯⋯⋯⋯⋯⋯⋯⋯⋯62
一、柏格森⋯⋯⋯⋯⋯⋯⋯⋯⋯⋯⋯⋯⋯⋯⋯⋯⋯62
二、黑格爾⋯⋯⋯⋯⋯⋯⋯⋯⋯⋯⋯⋯⋯⋯⋯⋯⋯64

　　三、羅素 ··· 65

　結　語 ··· 66

第三章　熊十力對易學發展之批評 ································· 69

　第一節　周前易學之抑揚 ·· 69

　　一、聖王易學之揣論 ·· 69

　　二、《連山》、《歸藏》之探論 ··································· 71

　第二節　漢魏易學之評騭 ·· 74

　　一、漢易之論評 ··· 74

　　二、魏易之論述 ··· 82

　第三節　宋代易學之褒貶 ·· 85

　　一、周敦頤 ··· 85

　　二、張載 ·· 90

　第四節　清代暨民國易家之考察 ·································· 93

　　一、清代易家之評價 ·· 93

　　二、民國易家之評論 ··· 100

　結　語 ·· 101

第四章　熊十力釋《易》之方式 ···································· 103

　第一節　援引《周易》經傳 ······································ 103

　　一、引卦爻辭爲釋 ··· 103

　　二、引十翼爲釋 ·· 106

　第二節　徵引羣經 ·· 110

　　一、引《尚書》以說《易》 ···································· 110

　　二、引《詩經》以說《易》 ···································· 111

　　三、引《禮記》以說《易》 ···································· 111

　　四、引《春秋》以說《易》 ···································· 111

　　五、引《論語》以說《易》 ···································· 112

　　六、引《孟子》以說《易》 ···································· 114

　第三節　廣徵諸家 ·· 114

　　一、宗本船山以注《易》 ······································· 114

　　二、偶引諸家以注《易》 ······································· 121

　第四節　稽採眾法 ·· 129

一、參佛法‧‧‧‧‧‧‧‧‧‧‧‧‧‧‧‧‧‧‧‧‧‧‧‧‧‧‧‧‧‧‧‧‧‧129

二、證史事‧‧‧‧‧‧‧‧‧‧‧‧‧‧‧‧‧‧‧‧‧‧‧‧‧‧‧‧‧‧‧‧‧‧130

三、佐經驗‧‧‧‧‧‧‧‧‧‧‧‧‧‧‧‧‧‧‧‧‧‧‧‧‧‧‧‧‧‧‧‧‧‧131

四、驗科學‧‧‧‧‧‧‧‧‧‧‧‧‧‧‧‧‧‧‧‧‧‧‧‧‧‧‧‧‧‧‧‧‧‧132

五、採譬喻‧‧‧‧‧‧‧‧‧‧‧‧‧‧‧‧‧‧‧‧‧‧‧‧‧‧‧‧‧‧‧‧‧‧133

六、通己著‧‧‧‧‧‧‧‧‧‧‧‧‧‧‧‧‧‧‧‧‧‧‧‧‧‧‧‧‧‧‧‧‧‧134

七、歸人事‧‧‧‧‧‧‧‧‧‧‧‧‧‧‧‧‧‧‧‧‧‧‧‧‧‧‧‧‧‧‧‧‧‧135

結　語‧‧‧‧‧‧‧‧‧‧‧‧‧‧‧‧‧‧‧‧‧‧‧‧‧‧‧‧‧‧‧‧‧‧‧‧‧136

第五章　熊十力易學之義蘊‧‧‧‧‧‧‧‧‧‧‧‧‧‧‧‧‧‧139

第一節　易學本體觀‧‧‧‧‧‧‧‧‧‧‧‧‧‧‧‧‧‧‧‧‧‧‧139

一、本體諸議‧‧‧‧‧‧‧‧‧‧‧‧‧‧‧‧‧‧‧‧‧‧‧‧‧‧‧‧140

二、本體性質‧‧‧‧‧‧‧‧‧‧‧‧‧‧‧‧‧‧‧‧‧‧‧‧‧‧‧‧140

三、本體諸名‧‧‧‧‧‧‧‧‧‧‧‧‧‧‧‧‧‧‧‧‧‧‧‧‧‧‧‧143

第二節　易學作用論‧‧‧‧‧‧‧‧‧‧‧‧‧‧‧‧‧‧‧‧‧‧‧150

一、「作用」義詮‧‧‧‧‧‧‧‧‧‧‧‧‧‧‧‧‧‧‧‧‧‧‧‧150

二、翕闢成變‧‧‧‧‧‧‧‧‧‧‧‧‧‧‧‧‧‧‧‧‧‧‧‧‧‧‧‧151

三、乾坤互含‧‧‧‧‧‧‧‧‧‧‧‧‧‧‧‧‧‧‧‧‧‧‧‧‧‧‧‧158

第三節　體用不二之易學特點‧‧‧‧‧‧‧‧‧‧‧‧‧‧162

一、體用不二之觸發‧‧‧‧‧‧‧‧‧‧‧‧‧‧‧‧‧‧‧‧162

二、體用不二之內涵‧‧‧‧‧‧‧‧‧‧‧‧‧‧‧‧‧‧‧‧163

結　語‧‧‧‧‧‧‧‧‧‧‧‧‧‧‧‧‧‧‧‧‧‧‧‧‧‧‧‧‧‧‧‧‧‧‧‧‧168

第六章　熊十力易學之推闡‧‧‧‧‧‧‧‧‧‧‧‧‧‧‧‧‧‧171

第一節　天人論‧‧‧‧‧‧‧‧‧‧‧‧‧‧‧‧‧‧‧‧‧‧‧‧‧‧‧171

一、天人不二之天人觀‧‧‧‧‧‧‧‧‧‧‧‧‧‧‧‧‧172

二、盡人合天之人生論‧‧‧‧‧‧‧‧‧‧‧‧‧‧‧‧‧177

第二節　知識論‧‧‧‧‧‧‧‧‧‧‧‧‧‧‧‧‧‧‧‧‧‧‧‧‧‧‧183

一、中西學術論衡‧‧‧‧‧‧‧‧‧‧‧‧‧‧‧‧‧‧‧‧‧‧183

二、智與知識‧‧‧‧‧‧‧‧‧‧‧‧‧‧‧‧‧‧‧‧‧‧‧‧‧‧‧‧185

三、科學日益之學‧‧‧‧‧‧‧‧‧‧‧‧‧‧‧‧‧‧‧‧‧‧187

第三節　治化論‧‧‧‧‧‧‧‧‧‧‧‧‧‧‧‧‧‧‧‧‧‧‧‧‧‧‧195

一、治化之要義‧‧‧‧‧‧‧‧‧‧‧‧‧‧‧‧‧‧‧‧‧‧‧‧195

　　二、群經之言治·······························204

　結　語·····································208

第七章　熊十力易學之綜結···················209

　第一節　熊十力易學之要目···············209

　　一、尊生而不可溺寂·····················209

　　二、彰有而不可耽空·····················216

　　三、健動而不可頹廢·····················218

　　四、率性而無事絕欲·····················221

　第二節　熊十力易學之商榷···············223

　第三節　熊十力學術之迴響···············227

　　一、熊十力學術之回應·····················228

　　二、熊十力學術之影響·····················229

　結　語·····································233

第八章　結　論·······························235

主要參考書目·································239

第九冊　《象傳》與儒道思想的比較研究

作者簡介

　　劉昌佳，國立彰化師範大學文學博士，現任國立高雄師範大學國文系助理教授，授課課程有中國哲學史、經典教學研究、治學方法及論文寫作指導、韓非子、古籍導讀、中國文化經典與生活等。此書之外，另著有《理學方法論》（出版中）及〈《維摩詰經》的圓頓法門 —— 從無住本立一切法〉、〈郭店儒簡的自然人性論及其所涵蘊的價值〉、〈戴震《孟子字義疏證》詮釋上的問題及其所涵蘊的價值〉、〈莊子的語言層次論與道〉、〈從《壇經》看王維詩文的禪學思維〉等多篇論文。

提　要

　　從西漢到清末的學者，都認為《象傳》作者是孔子，所以其思想自然是屬於儒學。民國以後開始有學者懷疑其作者，亦有學者提出其思想屬性問題，另有學者就經傳之間的關係，提出究係「以傳解經」或應「經傳分觀」的問題。本文運用思想比較的方法，以釐清《象傳》思想，並同時解決上述諸問題。

　　本文以《象傳》與先秦儒道代表作品作思想的比較，其中儒家以《論語》、《郭店楚簡》和《孟子》為比較基礎，道家以《老子》、《黃帝四經》和《莊子》為基礎，論證過程以思想作品為緯，以形上思想、倫理思想和政治思想為經，作主題式相對的分析、比較。

　　經由分析、比較，本文得出：《象傳》不論是形上思想、倫理思想或是政治思想，都重視它們的根源義，所主張的都是站在天道運行的規律進行論述；再者，則是強調上述思想的必然性，對於人事的判斷準則不在於人心的自覺而在於天道。《象傳》這樣的核心思想正是稷下黃老學派所主張，由此推知：《象傳》的思想是來自稷下黃老學派。

目　次

第一章　緒　論 ··· 1
　　一、研究動機 ·· 1
　　二、研究範圍 ·· 3
　　三、研究方法 ·· 5
第二章　《象傳》作者、著作年代及名、義的考辨 ························ 9
　　第一節　作者的考辨 ·· 9
　　第二節　著作年代的考辨 ··· 13
　　　一、傳承問題 ··· 15
　　　二、就文獻而論 ··· 17
　　　三、就思想而論 ··· 18
　　　四、就哲學思想的發展而論 ····································· 21
　　　五、就押韻的韻腳而論 ··· 22
　　第三節　名、義的考辨 ··· 22
　　　一、「象」在文字學上的本義及引申義 ························· 22
　　　二、「象」在《周易》中的含義 ······························· 27
　　　三、「象」字義總述 ··· 28
　　第四節　結語 ··· 29
第三章　形上思想析論 ··· 33
　　第一節　前言 ··· 33
　　第二節　萬物生成的宇宙觀 ······································· 34
　　　一、《象傳》的宇宙觀 ··· 35

二、《老子》的宇宙觀 37

三、《黃帝四經》的宇宙觀 41

四、莊子的宇宙觀 44

五、《象傳》與《老子》、《黃帝四經》和《莊子》的比較 48

第三節　天道流行的宇宙規律 49

一、《象傳》的「天行」論 50

二、老子的「自然」說 54

三、《黃帝四經》的陰陽論 58

四、莊子的自然哲學 61

五、《象傳》與《老子》、《黃帝四經》和《莊子》的比較 66

第四節　結　語 67

第四章　倫理思想析論 71

第一節　前　言 71

第二節　性命思想 72

一、《象傳》的性命思想 73

二、孔子的性命思想 76

三、郭店儒簡的性命思想 76

四、孟子的性命思想 80

五、莊子的性命思想 82

六、小結 83

第三節　人倫思想 85

一、《象傳》的人倫思想 85

二、孔子的人倫思想 87

三、郭店儒簡的人倫思想 89

四、孟子的人倫思想 90

五、小結 92

第四節　「義、利」問題 93

一、《象傳》的義利思想 94

二、孔子的義利思想 96

三、郭店儒簡的義利問題 98

四、孟子的義利思想 99

五、小結‧‧101
　第五節　意志自由問題‧‧‧‧‧‧‧‧‧‧‧‧‧‧‧‧‧‧‧‧‧‧‧‧‧‧‧‧‧‧‧‧‧‧102
　　一、《象傳》的意志論‧‧‧‧‧‧‧‧‧‧‧‧‧‧‧‧‧‧‧‧‧‧‧‧‧‧‧‧‧‧103
　　二、孔子的意志論‧‧‧‧‧‧‧‧‧‧‧‧‧‧‧‧‧‧‧‧‧‧‧‧‧‧‧‧‧‧‧‧104
　　三、孟子的意志論‧‧‧‧‧‧‧‧‧‧‧‧‧‧‧‧‧‧‧‧‧‧‧‧‧‧‧‧‧‧‧‧105
　　四、小結‧‧106
　第六節　天人關係‧‧‧‧‧‧‧‧‧‧‧‧‧‧‧‧‧‧‧‧‧‧‧‧‧‧‧‧‧‧‧‧‧‧‧‧108
　　一、《象傳》的天人關係論‧‧‧‧‧‧‧‧‧‧‧‧‧‧‧‧‧‧‧‧‧‧‧108
　　二、孔子的天人關係論‧‧‧‧‧‧‧‧‧‧‧‧‧‧‧‧‧‧‧‧‧‧‧‧‧‧110
　　三、郭店儒簡的天人關係論‧‧‧‧‧‧‧‧‧‧‧‧‧‧‧‧‧‧‧‧‧111
　　四、孟子的天人關係論‧‧‧‧‧‧‧‧‧‧‧‧‧‧‧‧‧‧‧‧‧‧‧‧‧‧112
　　五、老子的天人關係論‧‧‧‧‧‧‧‧‧‧‧‧‧‧‧‧‧‧‧‧‧‧‧‧‧‧113
　　六、小結‧‧114
　第七節　道德修養與理想人格‧‧‧‧‧‧‧‧‧‧‧‧‧‧‧‧‧‧‧‧‧114
　　一、《象傳》的道德修養論與理想人格‧‧‧‧‧‧‧115
　　二、孔子的道德修養論與理想人格‧‧‧‧‧‧‧‧‧‧‧116
　　三、孟子的道德修養論與理想人格‧‧‧‧‧‧‧‧‧‧‧118
　　四、小結‧‧119
　第八節　結　語‧‧‧‧‧‧‧‧‧‧‧‧‧‧‧‧‧‧‧‧‧‧‧‧‧‧‧‧‧‧‧‧‧‧‧‧‧119
第五章　政治思想析論‧‧‧‧‧‧‧‧‧‧‧‧‧‧‧‧‧‧‧‧‧‧‧‧‧‧‧‧‧‧‧121
　第一節　前　言‧‧‧‧‧‧‧‧‧‧‧‧‧‧‧‧‧‧‧‧‧‧‧‧‧‧‧‧‧‧‧‧‧‧‧‧‧121
　第二節　《象傳》的政治思想‧‧‧‧‧‧‧‧‧‧‧‧‧‧‧‧‧‧‧‧‧122
　　一、正位思想‧‧‧‧‧‧‧‧‧‧‧‧‧‧‧‧‧‧‧‧‧‧‧‧‧‧‧‧‧‧‧‧‧‧122
　　二、尚賢思想‧‧‧‧‧‧‧‧‧‧‧‧‧‧‧‧‧‧‧‧‧‧‧‧‧‧‧‧‧‧‧‧‧‧131
　　三、重民思想‧‧‧‧‧‧‧‧‧‧‧‧‧‧‧‧‧‧‧‧‧‧‧‧‧‧‧‧‧‧‧‧‧‧135
　　四、改革思想‧‧‧‧‧‧‧‧‧‧‧‧‧‧‧‧‧‧‧‧‧‧‧‧‧‧‧‧‧‧‧‧‧‧140
　　五、人文化成的思想‧‧‧‧‧‧‧‧‧‧‧‧‧‧‧‧‧‧‧‧‧‧‧‧‧‧144
　第三節　《黃帝四經》的政治思想‧‧‧‧‧‧‧‧‧‧‧‧‧150
　　一、道、法結合‧‧‧‧‧‧‧‧‧‧‧‧‧‧‧‧‧‧‧‧‧‧‧‧‧‧‧‧‧‧150
　　二、陰陽刑德思想‧‧‧‧‧‧‧‧‧‧‧‧‧‧‧‧‧‧‧‧‧‧‧‧‧‧‧150
　　三、等級名分理論‧‧‧‧‧‧‧‧‧‧‧‧‧‧‧‧‧‧‧‧‧‧‧‧‧‧‧151

　　　四、重民思想……………………………………………153
　　第四節　結　語…………………………………………154
第六章　結　論……………………………………………157
　　　一、橫觀……………………………………………159
　　　二、縱觀……………………………………………162
　　　三、結論……………………………………………163
　　　四、餘論……………………………………………164
附表：各章引用《象傳》統計表……………………………165
參考文獻……………………………………………………167

第十冊　論《今文尚書》中的天命觀與政治哲學

作者簡介

　　劉振維，生於臺灣宜蘭，祖籍遼寧海城。臺灣大學哲學學士（1993）、碩士（1996）、博士（2002）。碩士論文題《論《今文尚書》中的天命觀與政治哲學》，博士論文題《論先秦儒家思想中禮的人文精神》。現任朝陽科技大學通識教育中心副教授。研究包含中國人性論史、儒家哲學、道家哲學、臺灣書院與儒學精神，以及通識教育等領域。已出版《從「性善」到「性本善」一個儒學核心概念轉化之探討》（臺中，2006）、《論佛教中國化之「佛性」概念對儒家人性論論述的影響兼論中國哲學之哲學問題》（香港，2009）。先後參與臺灣、香港、中國大陸、瑞典隆德等舉辦之學術會議三十餘場，並發表學術研究論文；於學術期刊發表學術論文三十餘篇。

提　要

　　《今文尚書》自有一哲學體系，這體系建立在三代之人對「天命」的崇敬，認為政權合理的來源即根源於此，但由歷史更迭的無奈中，產生對整個人間世應何踐行的思索；此稱之為「天命觀」與「政治哲學」。

　　對於「天命觀」的探討，首先指明「天」的本身不可知，但他代表著神聖而不可侵犯之公理正義的化身，是人間人倫庶物的提供者。人間的謀事者當依「天命」來行為政治民之事，故強調「天視自我民視，天聽自我民聽」等的自警之語。但改朝換代的歷史事實，促使某些謀事者自覺到為政治民之應有作為才是永保「天命」在身的動源；其中，周人所產生「天命靡常」觀，強調「無

念爾祖，聿修厥德，永言配命，自求多福」，於是在「天命」變革的表面事實上（實則「天命」的公理正義性並未有絲毫的改變），建立起「以人事爲天命之基礎」的認知。

由「天命觀」引出一個問題，即「天」等同於「上帝」嗎？按「上帝即天」的說法，最早的文獻僅及於西漢伏生的《尚書大傳‧洪範》。但由《今文尚書》與其他史料的佐證，二者當爲不同概念。其一、「上帝」是一被祭祀的對象，「天」則否；其二、人間政權的移轉根源在「天」，而非「上帝」。不過，周代殷立，出於政治或經濟上的考量，故而以懷柔爲手段，將「天」與「上帝」混用。總之，「天」是當時氏族共同的信念，「上帝」則是殷人自人死鬼的習俗中演變出的獨特見解。

《今文尚書》的「政治哲學」，就是「爲政治民之謀事者」思索「人事之應爲」，可以「敬德保民」一語概括。「敬」爲內心誠意的要求，「德」爲具體的外在行爲，各有其本義與意義轉化，入周合二者之意而爲「禮」，自此可見西周封建政治的精神與良善。「人事之應爲」的原則，即是〈皋陶謨〉所說的「知人」與「安民」，分析與論述，可以〈洪範〉一文爲綱，其餘諸文爲緯，便能勾勒出上古中國人的政治思維。

在「政治哲學」的探究中，有兩個旁支問題：一是「民之所欲天恐未必從之」，因爲「民之所欲」並非「天」之「除惡樹善」；二是謀事者與「小人」（庶人）間的互動，所強調的主要是謀事者應將自身置立於「哲學王」的紛圍中，透過設官任人來達到安民之效，強調「萬方有罪，罪在朕躬」、「百姓有過，在予一人」的負責之語。由此，慢慢產生了「人」的普遍概念，「先人而後卜」的思維則被凸顯出來。

目　次

緒　言 …………………………………………………………………… 1
　　一、溯源歸本的因緣 ……………………………………………… 1
　　二、群經典籍的抉擇 ……………………………………………… 4
　　三、範疇領域的考量 ……………………………………………… 6
　　四、學習態度的自持 ……………………………………………… 12
第一章　論題研究的形成與方式 ……………………………………… 15
　　第一節　諸哲學史的設限 ………………………………………… 16
　　第二節　論題研究的形成 ………………………………………… 21

　　一、從原始宗教中所綻現的問題……………………………………21

　　二、由政治思想中所凸顯的議論……………………………………23

　　三、對於歷史唯物解釋面向的保留…………………………………29

　第三節　論題結構的梗概與研究方式…………………………………30

　　一、論題結構的梗概…………………………………………………30

　　二、論題研究的方式…………………………………………………32

第二章　由天命變革的意義論《尚書》中謀事者的自持…………………35

　第一節　天的不可知與其所彰顯的權威………………………………36

　　一、天的至高無上性格與權威………………………………………37

　　二、關注天命焦點的轉化……………………………………………40

　　三、天命變革下人事之應為的自覺…………………………………44

　第二節　上帝、帝與天之異同的區判及其影響………………………52

　　一、帝的意涵與其意義的轉變………………………………………53

　　二、上帝是一至上神…………………………………………………57

　　三、上帝與天之辨異…………………………………………………61

　第三節　承受天命之謀事者的自持……………………………………65

　　一、周人繼承上帝、帝與天之意義及其開創的新革局……………66

　　二、謀事者自持的歷史意識…………………………………………68

第三章　由謀事者的自持論《尚書》政治哲學的理念…………………73

　第一節　敬、德、保民的為政治民之哲學……………………………74

　　一、《尚書》中敬的意涵與轉化……………………………………74

　　二、《尚書》中德的本義與內化……………………………………82

　　三、民之所欲天恐未必從之…………………………………………90

　第二節　由《尚書》中見西周封建政治的精神與良善………………95

　　一、由《尚書》中見西周封建社會秩序的精神……………………96

　　二、維持封建社會良善秩序的兩大原則……………………………101

　　三、由《尚書》政治理念見封建社會良善秩序的真正內涵………105

　第三節　《尚書》中謀事者與「小人」間的關係……………………118

　　一、「人」與「民」的指涉和意義…………………………………120

　　二、謀事者與「小人」間的互動……………………………………127

　　三、由《今文尚書》初探「人」的普遍意涵………………………136

結　論 ……………………………………………………………… 145

　　一、《今文尚書》的哲學體系 ……………………………… 145

　　二、由《尚書》哲學所引申出的問題 …………………… 148

　　三、《尚書》哲學對中國哲學的影響 …………………… 151

參考書目 …………………………………………………………… 161

第十一冊　董鼎《書傳輯錄纂註》研究

作者簡介

　　許華峰，1968 年生，中央大學中國中文學博士，現爲國立臺灣師範大學國文學系助理教授。碩士論文爲《閻若璩〈尚書古文疏證〉的辨僞方法》，博士論文爲《董鼎〈書傳輯錄纂註〉研究》。

提　要

　　本論文以檢討《總目》對宋、元之際《書集傳》相關說法爲起點，以董鼎《輯錄纂註》爲基本材料，對蔡沈受朱子之命作《書集傳》，乃至成書、刊行流通的經過，以及元延祐開科之前，鄱陽、新安地區學者對《書集傳》的態度，作了較詳盡的說明。

　　研究發現，蔡沈受命作《書集傳》後，正式面見朱子的時間，當爲 1200 年，而不是一般認定的 1199 年。《書集傳》初稿的完成時間雖在 1209 年，但初次刊行的時間則遲至 1230 年左右，並非一般認定的 1209 年。《書集傳》刊行之後，在宋、元之際，由於朱子後學的相繼努力，在延祐開科之前，當時人對《書集傳》的評價已取得相當一致的共識。延祐開科雖然對《書集傳》後來長期立於不墜之地位有絕對的影響；但當時定《書集傳》爲標準本，實是緣於《書集傳》早已取得相當重要的地位所致。《總目》之說，應當修正。

　　另外，在《輯錄纂註》的研究上，除了發現胡一桂、董鼎、熊禾、董眞卿和陳櫟在學術上的關係，也考證出「輯錄」所根據《語類》的底本爲「蜀類」。經由諸種語錄版本的異文和佚文，發現目前最通行的「黎本」，無論在所收資料的質、量方面，皆非最完善的傳本。重新整理現存語錄相關材料，將有助於對朱子學作更細微的研究。在「纂註」的研究上，除了對「纂註」的引書情況作了較詳細的說明，也澄清了過去對「纂註」中的陳大猷、董琮的某些誤解。

　　本書爲 2000 年之舊作。此次印行，爲不失當時面貌與觀點，僅略作文句

之潤色及引文之校對。

目　次

引書凡例

第一章　緒　論 ·· 1

　第一節　《總目》對宋元之際《尚書》學的評述 ····················· 1

　第二節　《總目》之說與其學術傾向的關係 ························· 8

　第三節　論題的提出與研究的基本材料 ···························· 25

第二章　朱、蔡《尚書》學異同問題 ································· 31

　第一節　朱子對《尚書》的基本態度 ······························ 31

　第二節　《朱熹集》卷六十五〈雜著〉諸篇的寫作時間 ········· 44

　第三節　「改本」與《書集傳》、語類、文集的異同 ············· 59

　第四節　其他異同情況 ·· 72

第三章　《輯錄纂註》與《纂疏》的版本、體例與編纂經過 ····· 91

　第一節　《輯錄纂註》與《纂疏》的版本 ························· 91

　第二節　《輯錄纂註》與《纂疏》的體例 ························· 97

　第三節　《輯錄纂註》的編纂經過 ································ 105

第四章　《輯錄纂註》的引書狀況 ································· 119

　第一節　「輯錄」所引用的材料 ··································· 119

　第二節　「纂註」所引用的材料 ··································· 161

第五章　「纂註」所引朱子後學與《書集傳》地位的確立 ····· 181

　第一節　「纂註」所引的朱子後學 ································ 181

　第二節　余芑舒、董鼎和陳櫟對《書集傳》的態度 ··········· 195

　第三節　《書集傳》地位的確立與其他相關學者的意見 ······· 207

第六章　結　論 ·· 221

引用書目 ··· 223

附錄　學術相關簡表 ··· 231

第十二冊　漢代詩教思想探微

作者簡介

　　彭維杰，台灣苗栗人，1957 年生。中國文化大學中文研究所博士，學術

專長：詩經學、宋明理學、語音學、客家語文，現任國立彰化師範大學國文學系與台灣文學研究所副教授。

研究重點在於朱子學、詩經學及客家文學，著作有：《毛詩序傳箋「溫柔敦厚」義之探討》、《朱子詩教思想研究》、《彰化地區民間寺廟教會推動成人教育概況》（與他人合著）、《成人教育研究目錄》（與他人合編）等，並有多篇論文發表於國內學術期刊及學術研討會論文集。

提　要

本論文研究對象以漢代毛詩系統為範圍，聚焦於詩教內涵之探究分析，以發明漢人「溫柔敦厚」之詩教主張。

禮記經解篇揭示的詩教理想為「溫柔敦厚」，本論文即以此為研究線索，欲以探究其所以能指向溫柔敦厚之內在因素。本研究入手處即先上溯詩教源頭，由詩經之成書、成經，以及與詩之關聯述起。再勾沈先秦儒家詩教主張，以清其源頭。其次復以探究先秦「思無邪」之說法與漢代「溫柔敦厚」之定義為重點，釐清兩說之本義並明其關係，作為本研究之基礎。

全文主體分別從詩序、毛傳及鄭箋探析漢代詩教內涵，並以倫理思想及教化觀兩大端論述。

詩序之詩教，分別以大序、古序及續序三者闡述，蓋因詩序內容成於不同時間，且非出於一人之故，分述之始能免於混同而失其真相。就三者內容觀之，詩教主張以大序最略，古序次之，續序最詳。

毛傳之詩教，其倫理思想於五倫皆備，且略及於物我、天人諸倫。教化觀方面則述其政治理念、人格理念及教化呈現方式。而毛傳獨標興體，於詩教上亦可窺其用心。

鄭箋之詩教，倫理思想除五倫關係外，對物我、天人及人神等關係亦多所探及。其教化觀，在政治理念方面於原理、主張、要領及理想等說明極為精細。在人格理念方面及教化方式上也都較序傳精詳。又，鄭箋用三家義亦可增益其詩教內涵。

序傳箋之詩教內涵既明，再將三者統合比較，以觀異同，藉之突顯各說之詩教特色。

全文結論則從經學及教育兩端總結，歸納漢代詩教思想之溫柔敦厚特質，並略窺其對後世之影響。

目　次

第一章　緒論：詩教溯源 …………………………………………… 1
　第一節　緣　起 …………………………………………………… 1
　第二節　《詩經》之成書與詩教 ………………………………… 3
　　壹、名經之義 …………………………………………………… 3
　　貳、詩經成書之義 ……………………………………………… 5
　　參、詩教 ………………………………………………………… 12
　第三節　先秦詩教略述 …………………………………………… 14
　　壹、賦詩與引詩之教 …………………………………………… 14
　　貳、孔孟荀之詩教 ……………………………………………… 17
第二章　先秦「思無邪」與漢代「溫柔敦厚」義辨 …………… 27
　第一節　「思無邪」說 …………………………………………… 27
　　壹、原思 ………………………………………………………… 28
　　貳、內涵 ………………………………………………………… 29
　第二節　「溫柔敦厚」義指 ……………………………………… 33
　　壹、指涉 ………………………………………………………… 33
　　貳、淵源 ………………………………………………………… 38
　　參、內涵 ………………………………………………………… 39
第三章　《詩序》之詩教 ………………………………………… 45
　第一節　《詩序》之形成 ………………………………………… 45
　　壹、內容分界 …………………………………………………… 47
　　貳、作者 ………………………………………………………… 49
　第二節　《詩序》之倫理思想 …………………………………… 51
　　壹、大序之倫理思想 …………………………………………… 52
　　貳、古序之倫理思想 …………………………………………… 54
　　　一、君臣之倫 ………………………………………………… 54
　　　二、他倫 ……………………………………………………… 56
　　參、續序之倫理思想 …………………………………………… 57
　　　一、君臣之倫 ………………………………………………… 57
　　　二、父子之倫 ………………………………………………… 60
　　　三、夫婦之倫 ………………………………………………… 61

　　　四、長幼之倫 ……………………………………… 63

　　　五、朋友之倫 ……………………………………… 64

　　　六、他倫 ………………………………………… 66

　第三節　詩序之教化觀 …………………………… 66

　　壹、大序之教化觀 ………………………………… 67

　　　一、政治理念 ……………………………………… 67

　　　二、人格理念 ……………………………………… 68

　　　三、示教方式 ……………………………………… 68

　　貳、古序之教化觀 ………………………………… 69

　　　一、政治理念 ……………………………………… 69

　　　二、人格理念 ……………………………………… 74

　　　三、示教方式 ……………………………………… 76

　　參、續序之教化觀 ………………………………… 78

　　　一、政治理念 ……………………………………… 78

　　　二、人格理念 ……………………………………… 83

　　　三、示教方式 ……………………………………… 84

第四章　毛傳之詩教 ………………………………… 89

　第一節　毛傳之注詩特色 …………………………… 89

　第二節　毛傳之倫理思想 …………………………… 91

　　壹、君臣之倫 ……………………………………… 91

　　貳、父子之倫 ……………………………………… 94

　　參、夫婦之倫 ……………………………………… 95

　　肆、長幼之倫 ……………………………………… 97

　　伍、朋友之倫 ……………………………………… 97

　　陸、他倫 ………………………………………… 98

　第三節　毛傳之教化觀 …………………………… 99

　　壹、政治理念 ……………………………………… 99

　　貳、人格理念 ……………………………………… 103

　　參、示教方式 ……………………………………… 107

　第四節　「興」之詩教 …………………………… 114

　　壹、毛詩興體 ……………………………………… 114

貳、興體之倫理思想 ··· 115

參、興體之教化觀 ··· 117

第五章 《鄭箋》之詩教 ·· 121

第一節 《鄭箋》之箋詩特色 ·· 121

第二節 《鄭箋》之倫理思想 ·· 122

壹、君臣之倫 ··· 123

貳、父子之倫 ··· 137

參、夫婦之倫 ··· 140

肆、長幼之倫 ··· 144

伍、朋友之倫 ··· 146

陸、他倫 ··· 152

第三節 《鄭箋》之教化觀 ·· 156

壹、政治理念 ··· 156

貳、人格理念 ··· 170

參、示教方式 ··· 176

第四節 《鄭箋》用三家義之詩教特色 ································ 189

壹、箋用三家詩說之詩教內容 ·· 189

貳、箋用三家詩說以申詩教之特色 ···································· 196

第六章 《序》、《傳》、《箋》詩教思想之比較 ······················ 199

第一節 倫理思想之異同 ·· 199

壹、說解方面之比較 ··· 199

貳、思想方面之比較 ··· 205

第二節 教化觀之異同 ·· 212

壹、政治理念之比較 ··· 212

貳、人格理念之比較 ··· 215

參、示教方式之比較 ··· 217

第三節 傳承與創發 ·· 219

第七章 結 論 ··· 223

壹、詩教與經學 ··· 223

貳、「溫柔敦厚」與儒家教育理想 ···································· 225

參、「溫柔敦厚」詩教之影響 ·· 226

　　肆、總　結⋯⋯⋯⋯⋯⋯⋯⋯⋯⋯⋯⋯⋯⋯⋯⋯⋯⋯⋯227

徵引書目⋯⋯⋯⋯⋯⋯⋯⋯⋯⋯⋯⋯⋯⋯⋯⋯⋯⋯⋯⋯⋯229

第十三冊　《詩經》吉禮研究

作者簡介

　　季旭昇，臺灣師範大學國文系學士、碩士、博士，本校助教以迄教授，現任職玄奘大學中語系教授。碩士論文《詩經吉禮研究》、博士論文《甲骨文字根研究》、教授升等論文《詩經古義新證》，又著有《說文新證》、《上海博物館藏戰國楚竹書讀本》，及其它單篇論文多篇。研究專長為：詩經、甲骨文、金文、戰國文字、三禮。

提　要

　　《詩經》為周代之詩歌總集，周人民性務實，不尚誇張，因此《詩經》雖不免誇飾，然大體出於生活實錄，其冠婚喪慶、揖讓進退，均為周禮之實錄，可以補正三禮之闕誤。本書探討《詩經》中有關郊、雩、宗廟時享禮之詩篇及其相關禮制，因詩補禮，引禮探詩，足為說詩談禮之助。篇中附〈論郊禘〉糾正鄭玄混淆郊禘之別、〈詩經建旗考〉指出「旂」為旗幟之通名而非專名、〈王國維釋樂次補疏〉補正王國維〈釋樂次〉之疏誤，均頗有新義。

目　次

第一章　總　論⋯⋯⋯⋯⋯⋯⋯⋯⋯⋯⋯⋯⋯⋯⋯⋯⋯⋯⋯⋯1
第二章　郊　禮⋯⋯⋯⋯⋯⋯⋯⋯⋯⋯⋯⋯⋯⋯⋯⋯⋯⋯⋯⋯9
　第一節　前　論⋯⋯⋯⋯⋯⋯⋯⋯⋯⋯⋯⋯⋯⋯⋯⋯⋯⋯⋯9
　第二節　圜丘郊天有關詩篇研究⋯⋯⋯⋯⋯⋯⋯⋯⋯⋯⋯⋯10
　　一、昊天有成命⋯⋯⋯⋯⋯⋯⋯⋯⋯⋯⋯⋯⋯⋯⋯⋯⋯⋯10
　第三節　圜丘郊天配以后稷有關詩篇研究⋯⋯⋯⋯⋯⋯⋯⋯13
　　一、生民⋯⋯⋯⋯⋯⋯⋯⋯⋯⋯⋯⋯⋯⋯⋯⋯⋯⋯⋯⋯⋯14
　　二、思文⋯⋯⋯⋯⋯⋯⋯⋯⋯⋯⋯⋯⋯⋯⋯⋯⋯⋯⋯⋯⋯15
　　　附：論郊禘⋯⋯⋯⋯⋯⋯⋯⋯⋯⋯⋯⋯⋯⋯⋯⋯⋯⋯⋯17
　　三、閟宮⋯⋯⋯⋯⋯⋯⋯⋯⋯⋯⋯⋯⋯⋯⋯⋯⋯⋯⋯⋯⋯26
　　　附一：詩經建旗考⋯⋯⋯⋯⋯⋯⋯⋯⋯⋯⋯⋯⋯⋯⋯⋯28
　　　附二：論魯兼有圜丘、祈穀二郊⋯⋯⋯⋯⋯⋯⋯⋯⋯⋯41

第四節　祈穀之郊配以后稷有關詩篇研究……44
一、噫嘻……45
二、臣工……48
附：詩經時令考……50
第三章　雩　禮……65
第一節　前　論……65
第二節　詩經中之雩詩之研究……68
一、雲漢……68
二、噫嘻……73
三、絲衣……73
第四章　宗廟時享禮……79
第一節　前　論……79
第二節　詩經中有關之天子諸侯時享儀節研究……86
一、采菜……88
二、庀牲……90
三、田禽……92
四、視濯、省牲、視饎爨……92
五、陰厭……93
六、升歌……94
七、祼……94
八、迎牲詔牲……97
九、殺牲、薦血毛……97
十、燔燎……97
十一、割牲……98
十二、祊祭……99
十三、合亨……102
十四、詔羹定……102
十五、下管……103
十六、妥尸……103
十七、薦黍稷加肺……103
十八、侑尸……104

十九、從獻 ……………………………………………… 104

二〇、舞 ………………………………………………… 104

二一、骰 ………………………………………………… 105

二二、旅酬 ……………………………………………… 106

二三、告利成 …………………………………………… 106

二四、徹 ………………………………………………… 107

二五、燕私 ……………………………………………… 107

二六、繹賓尸 …………………………………………… 107

附：王國維「釋樂次」補疏 …………………………… 110

參考書籍論文目錄 ……………………………………… 135

《詩經‧周南》詩篇研究——對人的肯定與祝福

作者簡介

鄭岳和，私立東海大學哲學博士生，專研《詩經》、中國文藝美學、湯顯祖戲曲與明代思想等。現任環球技術學院兼任講師。

提　要

本文以《詩經‧周南》詩組為研究核心。思考以詩為經，為「恆久之至道，不刊之鴻教」的可能圖像。在〈毛詩大序〉「經夫婦、成孝敬、厚人倫、美教化、移風俗」，與《詩集傳》「用之閨門、鄉黨、邦國而化天下」的詮釋之外，說明作為詩三百首章的〈周南〉詩組，如何具體的進入人心，成為生命獨立自身與致力為人的內在支柱。

在〈周南〉十一首詩文的解析，展示出周人在對生命嚮慕的追求與現實處境的覺知中，如何打開獨特的禮樂精神向度。而如此為人的心懷，面對生存處境，面對個體、家庭、社會，面對存在整體，又如何在生命的韻律中，致力於心中之所好等。並隨著詩文的進行，在對「禮樂」、「情感」、「君子」、「福」、「理想」等等的討論中，一層層的彰顯周人的生命體驗與其理想所在。

目　次

前言 …………………………………………………………… 1

第一章　在時間與空間中的人的姿態——〈關雎〉解讀 …… 5

　第一節　人的現實處境——求之不得 ……………………… 5

第二節　生命的收蓄⋯⋯⋯⋯⋯⋯⋯⋯⋯⋯⋯⋯⋯⋯⋯⋯9

第三節　生命的開顯⋯⋯⋯⋯⋯⋯⋯⋯⋯⋯⋯⋯⋯⋯⋯13

第四節　〈關雎〉所開展的生命向度⋯⋯⋯⋯⋯⋯⋯⋯⋯15

第二章　收蓄與開顯⋯⋯⋯⋯⋯⋯⋯⋯⋯⋯⋯⋯⋯⋯⋯⋯⋯19

第一節　收蓄——從外部世界轉入內在生命的路徑⋯⋯⋯19

一、生存的收蓄——〈葛覃〉解讀⋯⋯⋯⋯⋯⋯⋯⋯20

二、人倫的收蓄——〈卷耳〉解讀⋯⋯⋯⋯⋯⋯⋯⋯23

第二節　開顯——生命進入世界的開展⋯⋯⋯⋯⋯⋯⋯26

一、生存的開顯——〈樛木〉解讀⋯⋯⋯⋯⋯⋯⋯⋯27

二、人倫的開顯——〈螽斯〉解讀⋯⋯⋯⋯⋯⋯⋯⋯32

第三章　人在共體中的生命韻律⋯⋯⋯⋯⋯⋯⋯⋯⋯⋯⋯35

第一節　家庭——〈桃夭〉解讀⋯⋯⋯⋯⋯⋯⋯⋯⋯⋯35

第二節　公——〈兔罝〉解讀⋯⋯⋯⋯⋯⋯⋯⋯⋯⋯⋯38

第三節　存在整體——〈芣苢〉解讀⋯⋯⋯⋯⋯⋯⋯⋯43

第四章　理想存在⋯⋯⋯⋯⋯⋯⋯⋯⋯⋯⋯⋯⋯⋯⋯⋯⋯47

第一節　自我的嚮往——〈漢廣〉解讀⋯⋯⋯⋯⋯⋯⋯47

第二節　生命的根源——〈汝墳〉解讀⋯⋯⋯⋯⋯⋯⋯53

第三節　理想的開顯——〈麟之趾〉解讀⋯⋯⋯⋯⋯⋯57

結　論⋯⋯⋯⋯⋯⋯⋯⋯⋯⋯⋯⋯⋯⋯⋯⋯⋯⋯⋯⋯⋯⋯63

參考書目⋯⋯⋯⋯⋯⋯⋯⋯⋯⋯⋯⋯⋯⋯⋯⋯⋯⋯⋯⋯⋯69

跋：感想與感謝⋯⋯⋯⋯⋯⋯⋯⋯⋯⋯⋯⋯⋯⋯⋯⋯⋯⋯67

第十四冊　聞一多《詩經》學研究

作者簡介

　　侯美珍，政治大學中國文學研究所博士，現任成功大學中國文學系副教授。研究領域：《詩經》學、明清科舉、八股文研究。代表作有：《聞一多詩經學研究》、《晚明詩經評點之學研究》、〈毛奇齡《季跪小品制文引》析論——兼談「稗官野乘，悉為制義新編」的意涵〉、〈明清科舉取士「重首場」現象的探討〉、〈明清科舉八股小題文研究〉、〈談八股文的研究與文獻〉、〈明清八股取士與經書評點的興起〉、〈《儒林外史》周進閱范進時文卷的敘述意涵〉等。

提　要

聞一多（1899～1946）是詩人、學者，晚年思想左傾，熱衷於政治運動，遭暗殺而死，又成為大陸至今頌揚的鬥士。因為政治因素，在臺灣，罕少有人留意聞一多；而大陸熱烈頌揚的氛圍，往往也造成對聞一多學術研究評價的偏頗。本論文以聞一多的《詩經》學為研究的主題，企圖根據最新的史料，以客觀的立場來重估聞一多《詩經》學的成就。

本論文從聞一多學者的角色辨析入手。以往的研究者受聞一多晚年自白的影響，混淆了學者與鬥士時期的角色。第二章裡，筆者從早期的書信考知，聞一多成為古典學術的研究者，純粹出於興趣、能力與生計的考量。本章除為其學者的角色重新定位外，並藉以凸顯大陸學界研究聞一多的迷思。第三章至第五章，討論了聞一多廣為人知、影響較深，也是後來學者津津樂道的三個《詩經》學主題。

第三章談聞一多援佛洛伊德性學說解詩的論點、立說背景，聞一多接觸佛洛伊德學說的經過，以及援性說詩的影響、得失。筆者認為此種解詩方法有開拓眼界之功，但恐過於相信佛洛伊德性學說的科學性，導致在文本的閱讀有所不足，缺乏思辨，其說多有附會。

第四章辨正聞一多的《詩經》時代嫁娶正時論。毛、鄭等學者或主秋冬、或主仲春為嫁娶正時，聞一多異於舊說，以春、秋兩季為嫁娶正時。本章考察了舊說及聞一多的新論，以《春秋》經記載嫁娶四季皆有，且分布均勻等證據，而定《詩經》時代應通年聽婚。

第五章專論〈詩・新臺鴻字說〉一文。〈新臺〉「魚網之設，鴻則離之」的「鴻」字，舊解為鳥名，聞一多以為當解為蟾蜍。此說甚為風靡，許多學者都捨舊解而信從聞一多之論。透過對聞一多論點的辨析，筆者以此說無法通解古籍，且聞一多所論證據薄弱，不可驟信，當依舊解釋作鳥名為宜。

第六章結論，重申筆者在〈緒論〉中強調的研究立場。聞一多的《詩經》研究成果，不愧為一大家，然也受到當時大膽、率斷的學風影響，而有失謹嚴。郭沫若「前無古人，後無來者」的誇獎，實過於溢美；後學必須以考而後信的態度，「批判地繼承」聞一多之創說，方是正途。

目　次

自　序
第一章　緒　論 1

第一節　研究動機……………………………………………………………1

第二節　研究方法……………………………………………………………5

第二章　是蠹魚還是芸香？──談聞一多的「學者」角色…………………13

第一節　詩人‧學者‧鬥士………………………………………………13

第二節　蠹魚與芸香………………………………………………………14

第三節　美術與文學………………………………………………………16

第四節　夙志與生計………………………………………………………17

第五節　頌揚與迷思………………………………………………………21

第六節　厄運與幸運………………………………………………………26

第三章　古典的新義──談聞一多解《詩》對佛洛伊德學說的運用………29

第一節　學者論聞一多的《詩經》學……………………………………29

第二節　佛洛伊德、聞一多與《詩經》的交集…………………………32

第三節　聞一多立說的背景………………………………………………39

第四節　援性說《詩》的影響……………………………………………48

第五節　援性說《詩》的省思……………………………………………54

第四章　《詩經》時代嫁娶正時論──聞一多觀點的商榷………………59

第一節　關於嫁娶之候……………………………………………………59

第二節　聞一多的論點……………………………………………………62

第三節　聞一多論點的考察………………………………………………63

第四節　前人嫁娶之候說的總檢討………………………………………72

第五節　餘論──談聞一多以巫術解《詩》……………………………80

第五章　〈詩‧新臺鴻字說〉研究──兼論聞一多的治《詩》方法………87

第一節　〈新臺〉篇與〈鴻字說〉………………………………………87

第二節　聞一多的〈鴻字說〉……………………………………………88

第三節　後來的學者看〈鴻字說〉………………………………………90

第四節　聞一多的自我否定………………………………………………95

第五節　〈詩‧新臺鴻字說〉的辨正……………………………………98

第六節　談聞一多的治《詩》方法………………………………………104

第六章　結　論………………………………………………………………113

附錄一　《聞一多全集》評介………………………………………………119

附錄二　聞一多《詩經》學相關書目繫年…………………………………125

重要參考書目 ···133

第十五冊　早期儒家喪禮思想研究

作者簡介

陳麗蓮，台灣宜蘭人，佛光大學文學系博士，目前任教於蘭陽技術學院通識教育中心。曾發表〈《周禮》宮廷婦教研究〉、〈頭圍登瀛吟社之經營與詩作史料整理〉、〈錢鍾書筆下的女性——從〈貓〉、〈紀念〉談到《圍城》〉、〈《詩經》的傳播——以「成語」為考察對象〉、〈蘭陽傳統文學的傳播：「大眾化」發展的考察〉、〈蘭陽地區日治時期（1896－1945）傳統詩社探析〉、〈康泉傳統詩作探析〉、〈頭圍登瀛吟社最後一位活躍社員游象新〉等論文，並主編「頭圍藝文作品系列」叢書。

提　要

本論文主要為探究早期儒家賦予喪禮的思想為何，因此寫作的重點放在禮意的闡述，研究資料主要為《周禮》、《儀禮》、《禮記》、《大戴禮記》、《論語》、《孟子》、《荀子》。所謂"早期儒家"指西漢之前儒家思想，至於"喪禮"則從瀕死到死後的祭祀皆包含在內。

第一章〈喪禮的起源〉"人文精神"、"緣情制禮"是早期儒家喪禮起源說的特色。

第二章〈早期儒家喪禮思想的基本意涵〉以"稱情立文——文情並重"、"斷長續短——隆殺養情"、"適情權變——量情行禮"、"與時推移——節哀順變"、"取法自然——順應天時"、"報本反始——慎終追遠"、"仁義為重——行仁舉義"、"禮以別異——差等之禮"八個主題闡述早期儒家喪禮思想。

第三章〈早期儒家喪禮儀節的意義〉按照喪禮儀節的進行順序從瀕死、飯含、殯葬等談到三年之喪、喪服各儀節所代表的意義。情文並重的喪禮是早期儒家對人們行喪禮時的最高要求。

第四章〈早期儒家喪禮所顯示的生死觀〉早期儒家的生死智慧可以說是建立在現世的世界中，而非死後的世界。

第五章〈喪禮在早期儒家思想的地位〉在早期儒家"內聖外王"的理想下，喪禮不僅是個人修身的道德規範標準，亦是教導一般大眾，使民情敦厚的重要禮儀。

目 次

自 序

緒 論 ………………………………………………………………………… 1

第一章　喪禮的起源 …………………………………………………………… 5

　第一節　早期儒家論喪禮的起源 ………………………………………… 6

　第二節　關於喪禮起源的其它說法 ……………………………………… 9

　第三節　早期儒家喪禮起源說的特色 …………………………………… 13

第二章　早期儒家喪禮思想的基本意涵 …………………………………… 21

　第一節　稱情立文 —— 文情並重 ……………………………………… 23

　第二節　斷長續短 —— 隆殺養情 ……………………………………… 31

　第三節　適情權變 —— 量情行禮 ……………………………………… 36

　第四節　與時推移 —— 節哀順變 ……………………………………… 41

　第五節　取法自然 —— 順應天時 ……………………………………… 45

　第六節　報本反始 —— 慎終追遠 ……………………………………… 49

　第七節　仁義爲重 —— 行仁舉義 ……………………………………… 55

　第八節　禮以別異 —— 差等之禮 ……………………………………… 61

第三章　早期儒家喪禮儀節的意義 ………………………………………… 71

　第一節　從瀕死到死亡 —— 盡力陪伴、哀毀形變 …………………… 72

　第二節　招魂的復禮 —— 最後希望、舉衣尋魂 ……………………… 76

　第三節　飯含、襲與斂 —— 事死如生、錦衣玉食 …………………… 78

　第四節　殯以待葬 —— 調適感情、足期備物 ………………………… 82

　第五節　啓殯至下葬 —— 深深牽引、從柩及壙 ……………………… 86

　第六節　葬與墓 —— 珍藏遺體、飾棺封墓 …………………………… 89

　第七節　虞祭 —— 安頓靈魂、特豕饋食 ……………………………… 92

　第八節　卒哭與祔祭 —— 昇華感情、以吉易喪 ……………………… 94

　第九節　三年之喪 —— 孝心永續、居廬服勤 ………………………… 97

　第十節　喪服 —— 血濃於水、變服致哀 ……………………………… 101

第四章　早期儒家喪禮所顯示的生死觀 …………………………………… 109

　第一節　瀕死者的態度 …………………………………………………… 109

　第二節　生者對待死者的態度 …………………………………………… 117

第五章　喪禮在早期儒家思想的地位 ……………………………………… 129

　　第一節　喪禮與孝的關係 ·· 130
　　第二節　喪禮與修己治人的關係 ·································· 139
結　論 ·· 149
參考書目 ·· 159

第十六冊　《春秋繁露》君王觀研究

作者簡介

　　何儒育，台南人，畢業於東吳大學中文系、台灣師範大學國文研究所，目前就讀於台灣大學中文博士班，並任教於台南大學附屬高中。研究領域爲兩漢經學與思想，著有〈文人生命的漂流與回歸 —— 論「文選・紀行賦」之書寫策略〉、〈春秋公羊學之「知志說」到聖王之「養志說」—— 論「春秋繁露・玉杯」中「志」之意涵〉、〈從「五行」到「四端」—— 孟子心性理論對「五行」心觀之繼承與發展蠡測〉、〈再論漢儒「三綱」說 —— 以「白虎通」之「性情」與「三綱六紀」爲核心的探討〉、〈從「整全的人性觀」論「性自命出」之「情教」模式與實踐〉等數篇期刊論文，並以〈煎蛋的滋味〉一文獲十六屆南瀛文學獎散文首獎。

提　要

　　本論文旨在探討《春秋繁露》整全的君王觀，使用「基源問題研究法」，從西漢初、中期之社會政治背景，以及《春秋繁露》文本內部考察，確立《春秋繁露》之基源問題爲君王觀。其次使用「創造詮釋學」，如實展現君王德行在董仲舒理論中之重要性。董仲舒之君王觀理論，爲回應「理想君王如何可能」的問題，包含「天道觀」、「修養論」與「政教觀」三大部分。在「天道觀」理論上，董氏以縕合意志天與運轉理序之「天」，作爲君王以德受命的形上依據；其提出「有位者須有德」的概念，認爲君王必須不斷進行道德修養與實踐，才能獲得意志天之降福，在「名實相符」的前提下，「君王」之「名」背後，應具備君王之「實」，君王應以天志之「仁」作爲其實際內涵；故「大一統」不僅是君王統治的意志與政令之貫徹，亦爲君王以德行效法天道、治理百姓，使萬邦歸服的道德實踐。

　　而在「修養論」上，董氏結合儒家與黃老思想，架構君王「心—性」與「形—神」相配合的修養觀。在董仲舒心性論中，「性」爲人原初的質樸之實，「情」

乃是「性」的如實發用；可區分「道德情感」與「一般情感」兩種概念，道德情感即人在道德教化與陶冶的過程中，人性所呈現出的「善」之面向。在道德實踐中「自然而然」發出符合道德規範之眞誠美善的情感，這種性情理論與合應於天道法則的身體結構相互配合，突顯人獨特於萬物的的尊貴價值；而「心」具有認知、感知與判斷外物的作用，人之性情與身體官能都在心的規範下，成爲能實踐仁義，以合應「意志天」意義下之道德人。

在心性理論中，董仲舒建構以《春秋》爲核心之六藝教育，並「具體解悟」《春秋》之微言大義，以發用性中善之趨向，培養出仁、義、智等美善德行；君王若能自然而然將德行發用於外在言行體貌、衣著上，並落實於國家政教制度之中，則君王與國家皆能合於天道法則。其次，在「形─神」修養的面向上，董氏認爲，透過節欲與情緒修養的方式，建構出合於天道的生活方式，使體內陰陽之氣靈妙充旺，精神清明穩定，外顯的形貌則能健康強壯；將形神與心性配合修養，可培育出一位精神健旺、德行完全之理想君王。

在「政教觀」的面向上，董氏之政教觀以「實踐王道」爲目的，王道實踐具有三項重要內涵，其一爲以君王受命爲基礎之「改正朔、易服色」的「三統」理論；其二爲君王必須實踐的國家禮制與三綱規範；其三則是教育與經濟理論。

董氏之「三統說」包含「三正朔」以及「質文四法」二主要面向，其確立孔子以《春秋》爲漢立法的聖典地位，並爲受命君王設立以天道爲根源之「改正朔、易服色」的理論系統，透過曆法、服色與各種制度之建立，達到國家「大一統」之目的；「質文觀」則強調受命君王有所主之法，必須依循此法建立完整的國家制度，以回應天道運行的法則；從此角度出發，三統說並不僅是受命君王必須實踐的改制法則，亦應體察天道之仁，以「親親多仁樸」、「孝慈」、「尊尊多節義」等美善的德行教化人民，此爲董氏《春秋繁露》中之一貫思想。

在國家禮制與三綱規範的面向上，特別凸顯「郊祀」制度「事天設教」的功能，君王透過郊祀之禮對「天」行子之孝道，天則降福予君王與國家；人民以「四祭」的方式效法君王，對先祖行孝道之禮；如此，「郊祀」的意義即超越「國家儀典」，而成爲事天、奉天並推行王道的主要方式。而三綱體系合應於天道陽尊陰卑的秩序，其目的並非盡如當代學界所論「意在提高君父之權」，亦所以依循天道秩序，建立一尊卑有等的社會秩序。

而在教育與經濟的理論架構中，董氏之教育理論係以《春秋》爲核心的六藝教育爲主軸，重視經典中所蘊含的道德內容。在萬民教化上，推行「孝」之

引導與實踐；在學校教育上，則強調六藝知識的習得，以及德行陶冶與實踐，使國家官吏皆為學行兼備的知識份子。

　　董氏之經濟理論，為解決當代貧富差距劇烈、窮民犯法等社會問題，提出「調均」的理論，並落實於限民名田、減省賦稅繇役與鹽鐵之利歸民等實際措施，以滿足人民的衣食需求。這種以「教化萬民」為主軸的教育理論，以及「調均」之經濟政策，立足於君王之道德實踐，亦即君王必須效法天道生生化育之仁，使人民滿足衣食需求，而能自然而然發用本性為善趨向，實踐孝、義等美好德行，而使社會達到衣食豐足、尊卑有等的理想狀態。

目　次

凡　例
第一章　緒　論……………………………………………………………………1
　第一節　研究動機與近人研究現…………………………………………………4
　第二節　研究文獻與範圍…………………………………………………………9
　　一、董氏著作——《春秋繁露》與輯佚論著…………………………………9
　　二、相關外緣史料與其他研究文獻……………………………………………15
　第三節　研究方法與步驟…………………………………………………………17
　　一、研究方法——基源問題法與創造的詮釋學………………………………17
　　二、研究步驟……………………………………………………………………20
第二章　《春秋繁露》之基源問題——「君王觀」……………………………23
　第一節　「基源問題」之定義與運用方式………………………………………24
　　一、「基源問題法」之定義與使用程序………………………………………24
　　二、「基源問題法」的反省與本論文的運用…………………………………26
　第二節　「君王觀」為《春秋繁露》基源問題——外緣背景與文本分析
　　　　　之二重考察………………………………………………………………30
　　一、外緣背景——漢初之治道關懷與學術政策之轉變………………………30
　　二、《春秋繁露》之文本考察…………………………………………………38
第三章　君王名實之依據——以天道觀為根源之理論架構……………………49
　第一節　戰國末至前漢七十年黃老思想下之天道觀——以《呂氏春秋》
　　　　　與《淮南子》考察核心…………………………………………………51
　　一、《呂氏春秋》之本體論與宇宙論…………………………………………52
　　二、《淮南子》之本體論與宇宙論……………………………………………60

三、小結 67

第二節　《春秋繁露》之本體論與宇宙論 68

一、《春秋繁露》以「意志天」爲核心之本體論 68

二、《春秋繁露》之宇宙論——意志天與氣化自然天連結 74

三、小結 89

第三節　「春王正月」——天道觀爲君王位份之根據 89

一、「王者以德受命」——以天道意志爲根據之君王名位 89

二、名實相符之君王定義 95

三、小結 98

第四章　君王之修養觀——春秋公羊學與黃老思想之綰合 101

第一節　《春秋繁露》之整全人性論 101

一、「心性」理論 102

二、身體結構之道德內涵 108

第二節　聖化過程——儒學視野下的君王心性修養 110

一、以《春秋》爲主軸之六藝修養 111

二、理解與實踐之《春秋》讀法 115

三、以德行爲主軸之心性修養 122

四、由內至外「禮」的內涵與實踐 128

五、由內至外的德行修養與實踐 135

第三節　循天之道——形神相合之修養觀 137

一、形、神之義理內涵 138

二、「形——神」修養方式 142

第五章　外王治道——國家政教制度與社會規範 153

第一節　「三統說」——歷史法則下君王受命改制理論 156

一、「三統說」之定義 157

二、「三統說」之理論基礎——君王受命與孔子王魯 160

三、「三統說」之義理內涵與君王位份 162

四、小結 171

第二節　以君王爲核心之國家禮制與倫理秩序——以「郊祀」與「三
綱」爲主軸 171

一、「郊祀」之禮 171

　　二、三綱與倫理秩序……………………………………………179

　　三、小結………………………………………………………194

　第三節　社會制度之王道實踐——以教育、經濟理論為核心……194

　　一、以德行陶冶與實踐為目的之教育觀………………………196

　　二、經濟制度——「仁義」與「尊卑秩序」精神之發用………201

　　三、小結………………………………………………………212

第六章　結　論…………………………………………………………213

　第一節　研究成果回顧…………………………………………………213

　　一、天道觀——君王以德受命之形上依據……………………213

　　二、修養論——精神充旺、德行完備之理想君王……………214

　　三、政教觀——以實踐王道為目的……………………………215

　第二節　研究之侷限與展望……………………………………………216

附　表

　附表一　兩岸董仲舒天道理論期刊論文目錄（1912～2007）……219

　附表二　兩岸董仲舒政教理論期刊論文目錄（1912～2007）……228

參考書目…………………………………………………………………239

第十七冊　毛西河四書學之研究

作者簡介

　　陳逢源，政大中文所碩士、博士，現任教於政大中文系，教授《左傳》、中國思想史、《四書》專題研究、《春秋三傳》專題研究等課程，專長為《四書》、《春秋》、經學及思想史等，有〈從五經到四書儒學「典範」的轉移與改易〉、〈道統的建構——重論朱熹四書編次〉、〈朱熹論孔門弟子——以四書章句集注徵引為範圍〉，以及《朱熹與四書章句集注》等有關《四書》之研究篇章，其他有關經學、學術史等論文數十篇。

提　要

　　毛奇齡，號河右、西河，為清初由陽明心學入考據學之關鍵人物，申陽明反朱學立場尤為鮮明，除《四書改錯》外，《毛西河先生全集》中尚有《四書索解》、《論語稽求篇》、《大學證文》、《大學知本圖說》、《中庸說》、《四書賸言》、《四書賸言補》、《聖門釋非錄》、《逸講箋》、《大學問》等十種《四書》

相關著作，本文從其生平勾勒其撰述背景與動機，進而檢討其訓詁考據之成就，以及義理思考的內涵，從而得見毛奇齡發揚陽明《四書》學之餘，建構考據的詮釋進路，於清代學術發展，極具意義。

目　次

第一章　緒　論 ……………………………………………………………… 1

第二章　西河生平及其與四書相關的著作 …………………………………… 11

　　第一節　生　平 ………………………………………………………… 11

　　第二節　與四書相關的著作 …………………………………………… 20

第三章　西河四書學撰述的背景與動機 ……………………………………… 35

　　第一節　時代背景 ……………………………………………………… 35

　　　一、明清之際科舉的因襲與變革 …………………………………… 35

　　　二、清初朱學與王學的論爭 ………………………………………… 39

　　第二節　撰作動機 ……………………………………………………… 44

　　　一、對時勢的反省與評估 …………………………………………… 44

　　　二、對世習朱注的反彈 ……………………………………………… 47

第四章　對《四書章句集注》的批評與檢討（上）…………………………… 51

　　第一節　名物訓解方面 ………………………………………………… 53

　　　一、釋名有誤 ………………………………………………………… 54

　　　二、釋義偏差 ………………………………………………………… 63

　　　三、重出矛盾 ………………………………………………………… 67

　　　四、牽合於理 ………………………………………………………… 69

　　　五、有違情理 ………………………………………………………… 71

　　　六、失注而致誤 ……………………………………………………… 73

　　第二節　說解典制禮儀方面 …………………………………………… 75

　　　一、說解宗法典制有誤 ……………………………………………… 75

　　　二、說解百官爵祿有誤 ……………………………………………… 81

第五章　對《四書章句集注》的批評與檢討（下）…………………………… 87

　　第三節　引據方面 ……………………………………………………… 87

　　　一、未詳考原旨而牽合 ……………………………………………… 87

　　　二、引據與原文不密切 ……………………………………………… 90

　　　三、引述資料有闕誤 ………………………………………………… 92

第四節　文體詞例方面……………………………………94

一、移易分合有誤………………………………………95

二、辨析句讀有誤………………………………………98

三、添補文句而致誤……………………………………100

第五節　訓解態度方面……………………………………106

一、立意補救而致誤……………………………………106

二、推尋太過，批評孔門弟子過於嚴苛………………110

第六章　對四書原旨的推究………………………………115

第一節　對四書傳習的檢討………………………………116

一、強調四書是聖功所具………………………………116

二、朱子經注不合聖意…………………………………120

三、元、明科舉使經旨晦蝕……………………………121

第二節　對古本《大學》的表彰…………………………123

一、駁《大學》經、傳作者之分………………………123

二、對《大學》不同改本的辨析………………………126

第三節　對聖人精神的推求………………………………139

一、彰顯孔子「正名」說的內涵………………………140

二、推尋孔子表彰管仲的用意…………………………145

第四節　對典制內涵的考辨………………………………150

一、推尋三年喪制的來源………………………………150

二、闡明宗法制度的原則………………………………154

第七章　對聖道內容的體驗與擴展………………………161

第一節　個人經歷的觸發…………………………………161

一、嵩山高笠僧的啓發…………………………………162

二、旅居淮西的感悟……………………………………168

三、歸田研經的佐證……………………………………171

第二節　對進學路徑的省思………………………………172

一、倡言誠意之效………………………………………173

二、強調定式與一貫的進程……………………………175

三、駁斥朱子格物之解…………………………………178

第三節　對聖道規模的闡發………………………………183

一、立基於心性之間‥‥‥‥‥‥‥‥‥‥‥‥‥‥‥‥183

二、與研經辨禮相發明‥‥‥‥‥‥‥‥‥‥‥‥‥‥186

三、落實於經世致用‥‥‥‥‥‥‥‥‥‥‥‥‥‥‥188

第八章　西河四書學的得失及影響‥‥‥‥‥‥‥‥‥‥‥191

第一節　西河詮釋四書的得失‥‥‥‥‥‥‥‥‥‥‥192

一、以經解經，串貫義理的特識‥‥‥‥‥‥‥‥192

二、興復古學、彰顯原旨的成效‥‥‥‥‥‥‥‥195

三、考辨太過，間有不合原旨之處‥‥‥‥‥‥‥198

四、負氣求勝，偶有失於公允之論‥‥‥‥‥‥‥202

第二節　對後世的影響‥‥‥‥‥‥‥‥‥‥‥‥‥‥205

一、開擴義理考辨的空間‥‥‥‥‥‥‥‥‥‥‥205

二、有助於分別漢、宋學畛域‥‥‥‥‥‥‥‥‥208

第九章　結　論‥‥‥‥‥‥‥‥‥‥‥‥‥‥‥‥‥‥‥213

參考書目‥‥‥‥‥‥‥‥‥‥‥‥‥‥‥‥‥‥‥‥‥‥219

第十八冊　朱子對《論語》的詮釋

作者簡介

鄧秀梅，中國文化大學哲學博士，曾任教於華梵大學中文系，現為環球技術學院通識教育中心副教授。著有《儒學中有關「天命流行」一義之探討》、《儒家心學解易與道德形上學的心氣之論》。

提　要

本書主要從朱熹註解《論語》的注文探討他的哲學內容與特色，自三個角度切入：朱子論仁、朱子論聖人、朱子論天。「仁」不僅是孔子全幅生命的精神重心，也是整個儒學發展的根本基石。觀朱子註解《論語》有關「仁」的章節，可充分見出朱子如何論述道德原理，由此也能引申出他對「聖人」的看法，進一步還可推述朱子關於形而上之「天」的理論。這三個觀點環環相扣，一方面呈現《論語》的中心內涵，另一方面也勾勒出朱子的哲學體系，讀者可由此書同時掌握《論語》與朱子的哲學思想。

目　次

第一章　緒　論‥‥‥‥‥‥‥‥‥‥‥‥‥‥‥‥‥‥‥‥‥1

第二章　朱子論仁 ··· 5

　　第一節　仁者，愛之理，心之德也 —— 釋「仁者愛之理」之義 ········ 6

　　第二節　仁者，愛之理，心之德也 —— 釋「仁者心之德」之義 ········ 9

　　第三節　釋「仁包四德」 ··· 14

　　第四節　朱子對「仁」之節的詮釋 ··· 17

　　第五節　朱子對「仁」之境界的詮釋 ··· 26

　　第六節　與其他諸家比較 ··· 33

　　小結 ·· 42

第三章　朱子論聖人 ··· 47

　　第一節　朱子之工夫論－格物致知，即物窮理 ································ 47

　　第二節　朱子對有關「聖人」章節之詮釋 ··· 53

　　第三節　王陽明之「聖人觀」 ··· 61

　　第四節　朱子與陽明學問思路之比較 ··· 66

　　小結 ·· 72

第四章　朱子論天 ··· 77

　　第一節　朱子的「理氣論」 ··· 77

　　第二節　朱子詮釋「天」之觀念 —— 有關「氣命」之部分 ············ 83

　　第三節　朱子詮釋「天」之觀念 —— 有關「理」之部分 ··············· 87

　　第四節　朱子詮釋「天」之觀念 —— 有關「理氣合論」之部分 ······ 94

　　第五節　當代學人對「天」的詮釋 ··· 101

　　小結 ·· 109

第五章　結　論 ·· 111

參考書目 ·· 117

孟子民本思想之研究

作者簡介

　　沈錦發，1959 年 2 月生，男，臺灣省台南縣新營市人，於南華大學哲學研究所，攻讀中國哲學，2004 年取得碩士學位。目前是上海華東師範大學人文學院哲學系博士生，專研孟子政治哲學，將於 2010 年取得博士學位。目前是台南市東區民眾服務社主任，並於中華醫事科技大學通識中心兼任國文講師；教授論語、孟子、孔子、老子、莊子、詩經、禮記及人生哲學等。近來在

《中國南昌大學學報》、《東方人文學誌》發表〈先秦儒家聖王原理探析〉及〈孟子民本思想的現代對話〉等論文數篇。

提　要

　　本書以「孟子民本思想」作爲研究主題，共分六章完成。各章提要分別陳述如下：

　　第一章　緒論。從當代重民思想研究之現況，了解前輩學者研究之成果，試圖發掘其政治理論中有關民本思想在各階段研究之進路及未來待開創之課題。

　　第二章　孟子民本思想之產生與涵義。希望從孟子以前古聖先賢的民本思想中找到產生孟子民本思想之源頭，並從中肯定確認民本思想的內涵。

　　第三章　孟子民本思想之理論基礎。性善論是民本思想之理論基礎，然性善論有何淵源？當時人性論派別如何？其意義爲何？孟子對心性如何詮釋？本章將會清楚交代。

　　第四章　孟子民本思想之客觀實踐。研析孟子在政治、經濟及教育、軍事上之民本思想，不僅在理論上，更在實務應用上有其精闢獨特，具體可行之處。

　　第五章　孟子民本思想之現代對話。比較以人民爲本的民本思想及以人民爲主的民主思想間之差異，並探究近代新儒家如何轉化？及孟子民本思想對後世的影響？

　　第六章　結論。本章將探討孟子在中國歷史上的地位，並將全文作一總結。

　　俾能重新肯定孟子民本思想，雖有其客觀上的侷限，但其創造性的貢獻，和其所發揮的道德精神，使歷代君主政體傾向開明專制而不走向絕對獨裁；在面對西方民主政治時，亦當可發揮善化、超化之功能，使其免於腐惡與社會風氣之敗壞。

目　次

第一章　緒　論…………………………………………………………………1
　第一節　當代重民思想研究現況……………………………………………1
　第二節　研究動機與方法……………………………………………………5
　第三節　預計之成果…………………………………………………………9
第二章　孟子民本思想之產生與涵義…………………………………………11
　第一節　孟子民本思想之產生………………………………………………11

一、孟子民本思想之淵源 11

二、孟子民本思想產生之背景 17

三、孟子民本思想產生之動機 20

第二節　孟子民本思想之涵義 23

一、民為邦本 23

二、民貴君輕 24

三、尊重民意 25

四、順應民心 26

五、愛民保民 27

六、注重民生 27

七、革命理論 28

第三章　孟子民本思想之人性論基礎 31

第一節　孟子人性論之淵源 32

一、源自《尚書》 32

二、源自《詩經》 33

三、源自孔子仁教 34

第二節　孟子人性論之辯解 35

一、人性論之派別 35

二、孟子與告子之辯性 38

第三節　孟子性善論的意義 41

一、孟子性善論之「心」的質性 41

二、孟子性善論之「性」的內涵 43

三、孟子性善論的意義 48

第四章　孟子民本思想之客觀實踐 53

第一節　孟子民本思想之政治 53

一、不忍人之政 53

二、義利之辨 55

三、王霸之辨 58

第二節　孟子民本思想之經濟 60

一、孟子民本思想之農業制度 61

二、民本思想之財經政策 64

第三節　孟子民本思想之教育 …………………………………68
　一、教育之重要 …………………………………………69
　二、教育之目的 …………………………………………70
　三、教育之內容 …………………………………………71
　四、教育之方法 …………………………………………72
第四節　孟子民本思想之軍事 …………………………………75
　一、支持仁義之師 ………………………………………75
　二、主張自衛之戰 ………………………………………76
　三、反對不義之戰 ………………………………………77
　四、期望仁者統一 ………………………………………79
第五章　孟子民本思想的現代對話 ……………………………81
第一節　西方民主政治的剖析 …………………………………82
　一、西方民主政治產生之背景 …………………………82
　二、民主的本質 …………………………………………83
　三、西方民主政治的缺點 ………………………………85
第二節　孟子民本與西方民主政治思想的差異 ………………90
　一、精神相順相通 ………………………………………90
　二、權力來源不同 ………………………………………90
　三、民本只有治道無政道 ………………………………90
　四、政治主體不同 ………………………………………91
　五、政治屬性不同 ………………………………………92
　六、民本只講求民享民有而無民治 ……………………92
　七、民本不是法治或責任政治 …………………………93
第三節　孟子民本政治思想之限制與轉化 ……………………94
　一、孟子民本政治思想之限制 …………………………94
　二、孟子民本政治思想之轉化 …………………………99
第四節　孟子民本思想對後世的影響 …………………………107
　一、對哲學、思想、文化史的影響 ……………………107
　二、對專制政治的影響 …………………………………107
　三、對近代民主政治的影響 ……………………………109
第六章　結　論 …………………………………………………113

一、孟子民本思想的重新詮釋⋯⋯⋯⋯⋯⋯⋯⋯⋯⋯⋯⋯⋯⋯113

二、孟子民本思想的困境與轉化⋯⋯⋯⋯⋯⋯⋯⋯⋯⋯⋯⋯114

三、孟子民本思想的影響力⋯⋯⋯⋯⋯⋯⋯⋯⋯⋯⋯⋯⋯⋯115

四、孟子在中國歷史上的地位⋯⋯⋯⋯⋯⋯⋯⋯⋯⋯⋯⋯⋯116

五、結語⋯⋯⋯⋯⋯⋯⋯⋯⋯⋯⋯⋯⋯⋯⋯⋯⋯⋯⋯⋯⋯117

參考書目⋯⋯⋯⋯⋯⋯⋯⋯⋯⋯⋯⋯⋯⋯⋯⋯⋯⋯⋯⋯⋯121

第十九冊　《中庸》形上思想研究

作者簡介

王聰明，山東昌邑人，一九五八年生於新竹，台灣師範大學國文系、國文研究所碩士班及博士班畢業，一九九八年獲台灣師範大學文學博士。曾任中學教師，現任明新科技大學人文社會與科學學院人文藝術教學中心副教授，講授中文領域、詩經、易經、老莊哲學等課程。主要著作有《左傳之人文思想研究》（碩士論文）、《中庸形上思想研究》（博士論文）等。

提　要

本論文旨在探討《中庸》的形上思想。第一章《中庸》的名義、作者、成書年代及其地位。首節就中、庸二字在先秦典籍與《中庸》書裡的使用情形，論定其確實的意義；次節考察《中庸》作者及成書年代的問題；末節說明《中庸》在中國思想史上的地位。

第二章《中庸》形上思想與儒學傳統。主要以性與天道為範疇，針對《中庸》「天命之謂性」此一思路的形成，探討其形上思想與儒學傳統的關係。首節由《詩》、《書》、《左傳》等古經記載，分別探討了「自生說性」及「自天命下貫說性」的兩大傳統；次節論述孔子對天道「超越的遙契」發展為《中庸》對天道「內在的遙契」的過程；第三節闡發曾子守約忠恕的要義，以明《中庸》「慎獨」觀念的歷史淵源；末節探討孟子的心性論與工夫論，指出《中庸》言性當是繼孟子性善之說而立論，且《中庸》從天命下貫言性的思路，其實可由孟子說「心之官」是「此天之所與我者」轉出。至於孟子求放心、存養夜氣的工夫論，與《中庸》慎獨、致中和、率性、盡性、誠之、明誠等工夫論一樣，都是逆覺自證的道德工夫。

第三章當代《中庸》形上思想詮釋系統的考察。經由當代《中庸》詮釋系

統間的對比反省，抉擇出其中較爲合理的詮釋，以衡定《中庸》形上思想的義理性格，並作爲建構其形上思想的基礎與依據。

第四章《中庸》形上思想的綱領與內涵。首節《中庸》形上思想的綱領，主要是就「天命之謂性，率性之謂道，修道之謂教」這三句話，進行義理解析，以確定天、命、性、道、教等諸詞的實際含義；次節《中庸》形上思想的內涵，先區分爲本體論與工夫論兩個部份，再進而對《中庸》形上思想加以舖陳與展示。

目　次

自　序

前　言 ……………………………………………………………………… 1

第一章　《中庸》的名義、作者、成書年代及其地位 ……………………… 5

　第一節　中庸的名義 ……………………………………………………… 5

　第二節　《中庸》的作者及其成書年代 ………………………………… 18

　第三節　《中庸》在中國思想史上的地位 ……………………………… 55

第二章　《中庸》形上思想與儒學傳統 …………………………………… 65

　第一節　《詩》、《書》、《左傳》中自生說性與自天命下貫說性的傳統 …… 65

　第二節　孔子的仁教 …………………………………………………… 77

　第三節　曾子守約之學 ………………………………………………… 88

　第四節　孟子的心性論與工夫論 ……………………………………… 93

第三章　當代《中庸》形上思想詮釋系統的考察 ……………………… 131

　第一節　錢穆先生《中庸》詮釋系統的考察 ………………………… 133

　第二節　勞思光先生《中庸》詮釋系統的考察 ……………………… 143

　第三節　徐復觀先生《中庸》詮釋系統的考察 ……………………… 161

　第四節　唐君毅先生《中庸》詮釋系統的考察 ……………………… 170

　第五節　牟宗三先生《中庸》詮釋系統的考察 ……………………… 183

第四章　《中庸》形上思想的綱領與內涵 ……………………………… 199

　第一節　《中庸》形上思想的綱領 …………………………………… 199

　第二節　《中庸》形上思想的內涵 …………………………………… 222

結　論 …………………………………………………………………… 247

主要參考書目 …………………………………………………………… 251

第二十冊 化經學爲心學──論慈湖之經學思想與理學之開新

作者簡介

劉秀蘭，籍貫山東牟平，出生地高雄。政治大學中文系學士，台灣大學中文所碩士，高雄師範大學國文博士。研究領域爲周易、宋明理學、老莊、詩經、中國歷史等方面。著有《宋代史事易學之義理分析》（博論）、《化經學爲心學──論慈湖之經學思想與理學之開新》（碩論），及期刊論文〈程頤之學本於至誠〉的觀點論略〉、〈《詩經》愛情詩的表現方式──以男女交往爲題〉、〈《莊子》的生死觀〉、〈《莊子》之知識論探究〉、〈《用易詳解》論述〉等。

提　要

慈湖乃象山之高足，其學說思想固然深受陸九淵之影響，然有更多是來自於對經書之詮釋而建立起來的。其範圍之廣，幾遍及十三經，所以研究其思想也就很必然的應以其經學思想爲基礎，否則便易落入蹈空而不切根本之弊。

「化經學爲心學」意指慈湖於經學論述中，已不知不覺地將經學帶上了心學之路，使經學心學化，轉化經學爲心學。並在他的全面性論述下，竟也於經學領域中開出了另一朵心學奇葩。

本論文大抵上分成二部分：前半部是探究慈湖經學與心學思想之內涵；後半部則納入宋明理學之體系中觀察，藉由宏觀角度而更加反映出慈湖思想之特質傾向與地位，期能有一立體式之探討。

本論文之撰寫，共分六章。首章敘慈湖之生平經歷，並主要配合其學術思想之成形爲分期之依據。第二章言慈湖之經學觀點，爲突顯其經學論述之特色，以其情感特質（由背離、趨近以至於創發）之傾向爲分類之主軸。第三章論慈湖之心學思想，釋經之法，及與佛道間之融通交涉。第四章比較慈湖與象山陽明學之異同，期能反映出其心學之特質，及與大家間之離合。第五章則納入理學之框架中觀之，論述慈湖與當世理學間之差異爲主，並以慈湖自覺之反離爲中心。最後一章則總結慈湖學之成就影響與評價。

目　次

緒論──理學範疇與南宋四明慈谿學風 ·· 1
第一章　慈湖之學思歷程──成學三期 ··· 9
　第一節　第一期：經書之「啓蒙」與內心之「混沌」 ················· 9

第二節　第二期：心思之「豁朗」與經義之「驗證」 ················· 15

第三節　第三期：心之「確認」與經學之「建構」 ··················· 21

第二章　慈湖之經學觀點 ··· 35

　第一節　慈湖對經疏之「疑改」── 變古批判　疑經改經 ········· 36

　第二節　慈湖對經說之「維護」── 護衛前說　張皇墜緒 ········· 64

　第三節　慈湖對經義之「轉化」── 經解新詮　釋說己意 ········· 76

　第四節　慈湖對經傳之「偏愛」── 千古深契　有得於心 ········· 86

　第五節　慈湖對經偽之「新見」── 別有領悟　另抒新意 ········· 92

第三章　慈湖之心學思想 ··· 109

　第一節　經學心學化──慈湖心學述要 ··························· 109

　第二節　心學解經之範式──慈湖學之方法論 ····················· 131

　第三節　慈湖對老莊之批評與會通 ································· 142

　第四節　慈湖學與禪佛之交涉 ····································· 146

第四章　慈湖與象山陽明學之異同 ······································ 157

　第一節　慈湖與象山學之異同 ····································· 157

　第二節　慈湖與陽明學之異同 ····································· 174

　第三節　三家學綜論 ··· 184

第五章　慈湖於理學之別出與開展 ······································ 189

　第一節　支裂與一元 ··· 189

　第二節　雕琢與自然 ··· 196

　第三節　辯難與調適 ··· 208

第六章　慈湖學之成就影響與評價 ······································ 215

　第一節　成就 ── 聖學之全　世儒難及 ··························· 216

　第二節　影響 ── 流風餘韻　百世不忘 ··························· 224

　第三節　評價 ── 抑小揚盛　瑕難掩瑜 ··························· 240

結論──經學的歧出　理學的別傳　心學的奇葩 ······················ 247

引用及主要參考書目 ·· 255

《彖傳》時義研究

賴美惠　著

作者簡介

賴美惠（1968-），台灣省台南縣人，國立高雄師範大學文學博士，目前為崑山科技大學通識教育中心專任副教授。研究領域以《易經》為主要範疇，代表著作有：《彖傳時義研究》（碩士論文）、《王弼玄學思想研究》（博士論文），單篇論文有：〈台灣文學的點燈人——葉石濤先生專訪上下〉（國文天地第 206/207 期）〈論朱子的道統觀——以《近思錄》的編纂為探討中心〉（高師範大學國文研究所問學第 6 期）、〈大目降風情探勘〉（南瀛文獻第八輯）、〈核心通識課程大一國文之創意教學〉（優質通識課程與教學創新）和〈讀《易》示要〉（國文天地第 300 期）等。

提　　要

壹、論題說明

研究《彖傳》者，向來都會注意到一個問題，即是它的「時間」意識。《彖傳》於釋卦的六十四卦卦辭中，使用「時」字者多達二十一次，而對「時」之發乎贊歎者，亦有十二卦，可見「時義」是稽索理解《彖傳》的重要門徑。在深入探究《彖傳》的時義內容時，發現作者的主要觀念與道家（尤其是老子）思想頗有關聯，然卻又本之於儒家，以為正宗，到底《彖傳》於儒、道之間扮演怎樣的角色，這的確是個值得討論的切題。因此，本文乃以「《彖傳》之時義研究」為題，期能在有限的智識下，略表個人淺見，以資參考。

貳、研究範圍與方法

因本文論題的中心在《彖傳》，故研究的範圍以「先秦」思想為主，所使用的版本則以宋・朱熹之《周易本義》準，旁及王弼《周易注》、孔穎達《周易正義》、程頤《易傳》、王夫之《周易內・外傳》等。由於《彖傳》的時義問題，牽涉到其思想本身的歷史傳承，因此論文的研究方法，不從經學入手，而著重於思想史的考察。首先，先探討《彖傳》一書之作者及形成背景，藉以概括其年代，為往後幾章的討論奠基。第二章，將《彖傳》之思想內容略作敘述，以知其要。第三章則為探討《彖傳》之所以重視「時」義的緣由，從《周易》發展的演變看來，幾乎每個階段的《易》都強調「時」，然而何獨僅《彖傳》於它所處的年代提出這樣的主張，頗值玩味。第四章即進入本論文的研究重心，針對《彖傳》受儒、道二家影響的部分加以分析解讀，並參合原始資料，來說明《彖傳》代所賦予的時代意義。

參、研究結論

《彖傳》作者，實際上可以說是儒、道思想中間的調合者。其倡「時」義的目的，無非是為了修正道家，補充儒家，進而融合二家的學說。

目
次

第一章 序 論 ……………………………………… 1

第二章 《彖傳》概述 ……………………… 13

　第一節 《彖傳》之名義辨識 …………… 13

　第二節 《彖傳》之義例 ………………… 18

　第三節 《彖傳》之主要思想 …………… 27

第三章 《彖傳》時義之思想淵源 ……… 31

　第一節 易經中的象位傳統 …………… 31

　　一、八卦中之「時」與「位」 ………… 31

　　二、六十四卦中之宇宙秩序 ………… 35

　　三、「周易」一名之循環觀 ………… 38

　第二節 儒學傳統 …………………… 40

　　一、《論語》中之「時」與「中」 ……… 41

　　二、《孟子》中之「時」與「中」 ……… 42

　第三節 道家思想的衝擊 …………… 44

　　一、《老子》中之時中觀 …………… 45

　　二、《莊子》中之時中觀 …………… 49

第四章 《彖傳》時義之探討 ……… 53

　第一節 「時」與「位」之相應 ……… 53

　　一、「時」與「位」之關係 ………… 53

　　二、「位」依於「時」 ……………… 54

　　三、「時」合「位」義 ……………… 54

第二節　《象傳》時義之內涵 ……………………55

　一、創化的宇宙觀………………………………55

　　（一）乾《象》………………………………55

　　（二）坤《象》………………………………56

　　（三）乾坤中之「時」、「位」義…………57

　二、變易之宇宙觀………………………………58

　　（一）因時乘變………………………………59

　　（二）隨時利用………………………………61

　　（三）明時制宜………………………………64

　　（四）與時偕行………………………………68

　三、循環之宇宙觀………………………………71

　　（一）生生之德………………………………71

　　（二）原始反終………………………………72

第三節　時義之掌握──執守中道…………………73

　一、《象傳》「時中」的兩個觀念……………73

　二、時　中………………………………………76

第四節　《象傳》時義之終極目標…………………78

　一、天、地、人三才並立………………………78

　二、天人關係之融合……………………………78

第五章　結　論……………………………………81

參考及引用書目………………………………………87

第一章 序 論

一、《彖傳》之作者

　　《彖傳》之作者，自漢代以來，相傳出於孔子之手。司馬遷《史記‧孔子世家》云：「孔子晚而喜《易》，序《彖》《繫》《象》《說卦》《文言》，讀《易》韋編三絕，曰：假我數年，若是，我於《易》則彬彬矣。」依此，《彖傳》當早在孔子時代，便以形成。東漢，班固撰《漢書‧藝文志》，繼踵司馬氏的說法，認爲孔子著有《彖》《象》《繫辭》《文言》《序卦》等十篇。此後，一直到隋唐，論者均沿襲其說。〔註1〕到了宋代，才開始有人對於這套說詞產生懷疑。歐陽修在其所著之《易童子問》中，便以問答論辯的方式，駁斥《易傳》出於聖人之手的說法，並且認爲它們有害經惑世的作用。〔註2〕雖然他認爲《繫》《文言》《說卦》《雜卦》等傳的內容，多繁衍叢脞之言，不可能爲聖人所寫，可是對於《彖》《象》二傳，仍信其爲孔子所作，未敢妄加批評。自歐氏首開懷疑風氣以來，宋代陸陸續續有些士人，也和他抱持相同的看法。〔註3〕降及明清，談論到《易傳》作者、形成年代問題的，有越來越多的趨勢，如姚際恆之《易傳通論》、

〔註1〕孔穎達《周易正義‧序》云：「其《彖》《象》等《十翼》之辭，以爲孔子所作，先儒更無異議。」

〔註2〕見歐陽修《易童子問》卷三。

〔註3〕如南宋‧葉適在他的《習學記言》裡說：「《彖》《象》辭意勁厲，截然著明，正與《論語》相出入，其爲孔子作無疑。至所謂上下《繫》《文言》《序卦》，文義重覆，淺深失中，與《彖》《象》異，而亦附之孔子者，妄也。」

〔註4〕崔述之《洙泗考信錄》、〔註5〕康有爲之《新學僞經考》、梁啓超之《古書真僞及其年代》等，均對此一問題，產生了莫大的興趣。在這些人的材料中，除了崔氏因〈艮〉卦《象傳》裡有「君子思不出其位"一句，而認爲它必定是曾子以後之人所作外，其餘的論者，大都對孔子作《彖》《象》一事，不予否認。

民國以後，臨五四運動之際，考證疑古風氣愈熾。一些學者，如馮友蘭、錢穆、顧頡剛、李鏡池、戴君仁、高亨等人，紛紛提出自己的研究成果。〔註6〕他們除了論辯《繫詞》《說卦》以下之《易傳》非孔子所作外，也找到了許多的材料，來證明《彖》《象》二傳非出自孔子手筆，這又與明清以前的說法不盡相同。歸納論者的意見，主要有四：

一、從《論語》中孔子對於天的觀念與《彖傳》《象傳》裡的天作比較，可以發現孔子所謂「天」，是一有意志的人格神，一個義理之天；而《彖傳》《象傳》中的「天」，已褪去人神的外貌，純粹是個自然之天。〔註7〕

二、從《論語》中所謂的「道」來看，孔子將它附屬於人類行爲所當遵守的一種價值品詞；而《彖傳》《象傳》的「道」，則抽繹了人事的行爲理法，直接從宇宙論講起，屬於一種抽象思維，故稱「乾道」「天道」或者「天之道」。〔註8〕

三、根據古代的文獻記載，孔子與《易》的淵源並不深厚。《論語》中，講到易事的有兩章：「加我數年，五十以學易，可以無大過矣」（述而）；「子曰：南人有言，曰：人而無恆，不可以作巫醫。善夫！『不恆其德，或承之羞。』子曰：不占而已。」（子路）前者據陸德明《經典釋文》載，則《魯論》作「五十以學，亦可以無大過矣！」屬上句讀；

〔註4〕姚氏曾著《九經通論》，可惜後來已失傳，今僅存《詩經通論》一篇。

〔註5〕見崔氏《洙泗考信錄》卷三。

〔註6〕參馮友蘭〈孔子在中國歷史中的地位〉，《燕京學報》第二期、錢穆〈論十翼非孔子作〉，《古史辨·三》頁89至94、顧頡剛〈論易繫辭傳中觀象制器的故事〉，《古史辨·三》頁45至69、李鏡池〈易傳探源〉，《古史辨·三》頁95至132、高亨《周易大傳今注》、戴君仁《談易》。

〔註7〕參馮氏〈孔子在中國歷史中的地位〉一文。

〔註8〕《論語·述而》：「志於道，據於德，依於仁，游於藝。」文中的「道」即是人倫日常生活的行爲準則；而《彖》「乾道變化，各正性命」（乾），「大亨以正，天之道也」（臨），則是抽象獨立的一物，與《老》《莊》之說法較爲相近。可參考錢氏〈論十翼非孔子作〉一文。

而今本乃鄭玄從《古論》讀「亦」作「易」，屬下句讀。因此，說孔子贊《易》，實大有問題。〔註9〕另外，《史記》中：「序《彖》《繫》《象》《說卦》《文言》」句的「序」字，意義也頗不明顯，它未必眞如班固所說，爲「著作」之意。〔註10〕

四、除了思想上的差距外，語法方面也有明顯的不同。《論語》書中的文句，大都是三言兩語，各自獨立的簡約的語錄體，屬於散文形式；而《彖》《象》除了解釋卦爻辭以外，有一個特色：即是押韻。兩者的創作風格，迥然不同。〔註11〕

　　從以上的種種證據，顯示學者專家在探討《彖》《象》二傳的作者時，著重在思想系統與文字體裁的考量。他們雖都不承認孔子作《彖》《象》等《易傳》，然對於其文中之處處可見儒家影子，仍視其出於孔門以後之儒者所爲。這是目前學界大多數人普遍持有的看法，証據確鑿，當無疑問。〔註12〕

〔註 9〕「學易」之句讀，自明、清以降，從《魯論》者漸多，如毛奇齡《論語稽求篇》、惠棟《論語古義》、陳鱣《論語古訓》等，皆斷之「五十以學」。民國以後，《古史辨》的一些學者如錢穆、顧頡剛、錢玄同、李鏡池等，也都贊同《魯論》之上句讀。日人戶田豐三郎於〈周易彖繫兩傳的形成〉一文說：「贊從《魯論》的人漸漸多了起來，這從《易經》成立上來看也是理該如此的。」（參《書目季刊》：5 卷 4 期，1971 年 6 月。）

〔註 10〕《論語》一書，是考究孔子言行最可靠的文獻，也是學者最喜歡引以與《易傳》作比較的書籍。今觀《論語》中，孔子授讀的情形：
子曰：詩三百，一言以蔽之，曰「詩無邪」。（爲政）
子曰：關雎，樂而不淫，哀而不傷。（八佾）
子所雅言，詩書執禮，皆雅言也。（述而）
子曰：興於詩，立於禮，成於樂。（泰伯）
子曰：誦詩三百，授之以政，不達。使於四方，不能專對；雖多，亦奚以爲？（子路）
子曰：不學詩，無以言；不學禮，無以立。（季氏）
子曰：詩可以興，可以觀，可以群，可以怨。邇之事父，遠之事君，多識於鳥獸草木之名。（季氏）
孔子平日示弟子，只以《詩》《書》《禮》《樂》教之，並沒有提到《易》，而且他自己也說過「述而不作，信而好古」的話，因此，說孔子作《易傳》，恐怕是無法成立的。李鏡池〈易傳探源〉將「序」當作「排列次序」之意，應較爲合理。見《古史辨》頁 104。

〔註 11〕詳參戴君仁《談易》頁 27 至 28。

〔註 12〕李鏡池〈易傳探源〉認爲《象傳》之著儒家色彩的地方很多，故說：「『祀祭』『孝享』是儒家的思想。湯武革命，順天應人，是孟子底説法。而家人一條，更是儒家的禮教倫理：女內男外，界限分明；家齊國治，政教合一。儒家思想，何等顯明！」，《古史辨》頁 116 至 117。

二、《象傳》之著成年代

比較令人頭疼的是《象傳》之著成年代。自古迄今，它始終是個懸而未決的問題。檢閱近人的研究，發現其間仍存在著極大的分歧，情形如下：一，認爲它成書於戰國前期；二，主張它乃戰國末年的作品；三，則稱它當晚至秦皇漢武。持第一類說法者，如郭沫若、高亨。郭氏從社制變遷的角度，來解釋《易傳》的產生，故〈周易時代的社會生活〉說：「《易傳》是產生在春秋戰國的時候，這個時代是由奴隸制確切地變成封建制度的時代。」〔註13〕不過這個說法，幾年之後，很快地就被他自己推翻了。〔註14〕高亨氏以《象傳》多韻語，超越先秦時期北方詩歌如《易經》卦爻辭及《詩經》之藩籬，與南方詩歌如《楚辭》中之屈、宋賦，及《老》、《莊》書中之韻語相合，作者必是南方人。又據《史記‧仲尼弟子列傳》中：「孔子傳易於瞿，瞿傳楚人馯臂子弘，弘傳江東人矯子庸疵」句，判定《象傳》爲子弓所作。〔註15〕持第二類者，如馮友蘭、戴君仁等。馮氏於〈易傳的哲學思想〉一文中說：「在晉朝的時候，從魏安釐王墓裏發現《周易》，並有一篇類似《說卦》。可見，像《十翼》這一類的著作，在戰國末期，就已經有了。」〔註16〕戴氏則依《象傳》之文體、押韻、思想及後世的情形，推斷該作者是在荀子稍前的南方儒者。〔註17〕持第三類者，如錢穆、顧頡剛、李鏡池、郭沫若等。錢氏〈易傳與小戴禮記之宇宙論〉說：「《易傳》與戴《記》之宇宙論，實爲晚周以迄秦皇漢武間儒家所特創，又另自成爲一種新的宇宙論。此種新宇宙論，大體乃採道家特有之觀點，而又自加以一番之修飾與改變，求以附合儒家人生哲學之需要而完成。」〔註18〕顧、李二氏的看法也大致相同，認爲最早不出於戰國末，最遲不過至西漢末，最有可能的年代當在秦漢間。〔註19〕另外，郭氏一改前說，稱《象傳》爲荀子門徒於秦統治期間所寫。〔註20〕以上是有關《象傳》著成之年代，各家各派眾說紛紜的情形。

〔註13〕 參《中國古代社會研究》頁 68 至 69。北京：人民出版社，1982，1 版。
〔註14〕 同註 13 之補注。
〔註15〕 參高亨《周易大傳今注》頁 7。濟南：齊魯書社，1988，5 版。
〔註16〕 參《周易研究論文集‧三》頁 71。北京：師範大學出版社，1990，1 版。
〔註17〕 戴君仁《談易》頁 26 至 30，台北：開明書店，1961，初版。
〔註18〕 錢穆《中國學術思想史論叢‧二》頁 261，台北：東大圖書公司，1980，再版。
〔註19〕 《古史辨》頁 50 及頁 117。
〔註20〕 郭沫若《青銅時代》頁 396，北京：人民出版社，1982，1 版。

　　那麼，《象傳》究竟成於何時？胡適《中國古代哲學史》有這樣一段話：「凡能著書立說成一家之言的人，他的思想學說，總有一個系統可尋，決不致有大相矛盾衝突之處。」又說：「大凡思想進化有一定的次序，一個時代有一個時代的問題，即有那個時代的思想。」〔註21〕在《象傳》缺乏直接史料論證的今天，胡氏所提的方法論，倒也不失爲審定其年代的依據。以下以幾個步驟討論之，期能抽絲剝繭，從中尋繹出一個較爲中肯的時代範疇：

一、就占筮體例言

　　首先，引述《左傳》、《國語》中，春秋人使用《周易》的幾個例子：

1.

　　〈乾〉：「元亨，利貞。」

　　〈否〉：「否之匪人，不利君子貞，大往小來。」

　　《國語・周語》：「單襄公曰：『成公之歸也，吾聞晉之筮之也。遇〈乾〉
　　之〈否〉，曰：配而不終，君三出焉……」

春秋人稱初得的卦爲「本卦」，稱所變的卦爲「之卦」。此例是就本卦與之卦的卦象，來論斷人事的吉凶。

2.

　　〈屯〉：「元亨，利貞，勿用有攸往，利建侯。」

　　〈比〉：「吉。原筮，元永貞，無咎。不寧方來，後夫凶。」

　　《左傳》閔公元年：初畢萬筮仕于晉，遇〈屯〉之〈比〉。辛廖占之
　　曰：「吉。〈屯〉固〈比〉入，吉熟大焉！其必蕃昌。震爲土、車從
　　馬、足居之、兄長之、母覆之、眾歸之。六體不易，合而能固，安
　　而能殺，公侯之卦也。」

屯，《雜卦》曰：「屯見而不失其居。」故〈屯〉有「固」義。比，《周禮・大司馬》：「比小事大。」鄭注：「比，親也。」有「入」之意。又〈屯〉上坎下震，〈比〉上坎下坤，有震爲土，車爲馬之象。（《左傳》震爲車，坤爲馬）此例，辛廖根據兩卦的卦名和卦象來判斷吉凶。

3.

　　〈大有・九三〉：「公用享于天子，小人弗克。」

〔註21〕胡適《中國古代哲學史》頁19至20。

《左傳》僖公二十五年：秦伯師于河上，將納王。狐偃言於晉侯曰：
「求諸侯莫如勤王，諸侯信之……」使卜偃卜……筮之遇〈大有〉
之〈睽〉，曰：吉。遇公用享于天子之之卦。戰克而王饗之，吉孰大
焉！且是卦也，天爲澤以當日，天子降心以逆公，不亦可乎？〈大
有〉去〈睽〉而復，亦其所也。

〈大有〉上離下乾，〈睽〉上離下兌。離爲日、乾爲天、兌爲澤。〈大有〉離
下的乾變爲〈睽〉離下的兌，即天爲澤以當日之意。此例，卜偃既釋二卦卦
名，亦據卦象來說明爻辭。

　　在這些例子中，反映出一個現象：那就是春秋人講《周易》，占筮人事的
時候多，論證人事的時候少；而且最喜言「象」，不僅談本卦卦象，也談之卦
卦象。此與《周傳》只談本卦卦象，不言之卦卦象，有著明顯的差異。高亨
氏說：「《左傳》、《國語》的《周易》說，卦象因素多於義理因素。」〔註22〕
這是此時期談《易》的特色。再看《彖傳》裡釋卦的情形：

屯《彖》：屯，剛柔始交而難生，動乎險中，大亨貞。雷雨之動滿盈，
天造草昧，宜建侯而不寧。

蒙《彖》：蒙，山下有險，險而止，蒙。蒙，亨，以亨行時中也。匪
我求童蒙，童蒙求我，志應也。初筮告，以剛中也，再三瀆，瀆則
不告，瀆蒙也。蒙以養正，聖功也。

隨《彖》：剛來而下柔，動而悅，隨。大亨貞無咎，而天下隨時。隨
時之義大矣哉！

上引之例，除了繼承和發揮春秋時期的取象、取義說外，又提出剛柔卦德，
以及爻位志應的觀念。《彖傳》稱奇——偶--兩畫或陰陽二爻爲「剛」「柔」，以
剛柔代一切物的兩種不同的屬性，來概括所有卦象的對立，徐復觀認爲這是
《易》的一大進步。〔註23〕而爻位志應說的產生，其實與《彖傳》之作者企
圖將《周易》六十四卦的內容邏輯化、體系化，又有極爲密切的關聯（下一
章討論）。從體例輾轉演變的歷史著眼，「前有疏略，後出轉精」是應然的程
序。因此，《彖傳》出於春秋戰國後，是可以肯定的。

〔註22〕參高亨〈左傳國語的周易說通解〉，收入於《周易雜論》，山東：人民出版社，
　　　　1962。
〔註23〕參徐復觀〈陰陽五行及其有關文獻的研究〉，頁559。載於《中國人性論史‧
　　　　先秦篇》，台北：商務，1988，9版。

二、就思想線索言

（一）天道觀念的歷史演變

愈古老的年代，人類的迷信色彩就愈重。關於天的觀念，也隨時代而進化。商周之際，人們對於天有著極大的敬畏與依從，以《詩經》、《書經》前期的作品來看：

> 皇矣上帝，臨下有赫，監觀四方，求民之莫。（皇矣）

> 其香始升，上帝居歆，胡臭亶時，在帝左右。（生民）

> 聞于上帝，帝休。天乃大命文王，殪戎殷。（康誥）

> 嗚呼！天亦哀四方民，其眷命用懋。（召誥）

這時的天，與人無異。它有感覺、有意志，而且常直接監控或指揮人的政治行動，宗教意味濃厚。幽厲之交（西元前 878～771），是表現天的權威墜落的開始：

> 昊天不傭，降此鞠凶。昊天不惠，降此大戾。（節南山）

> 天命不徹，我不敢效，我友自逸。（十月之交）

> 維天之命，於穆不已。於乎不顯，文王之德之純。（維天之命）

> 上天之載，無聲無臭，儀刑文王，萬邦作孚。（文王）

反映在《小雅》的天，威權不再，人們對天的信仰，已開始產生動搖，宗教之觀念也逐漸淡薄。迨至春秋，以禮為中心的人文思想取而代之，[註24]人的地位獲得提升，這時的「天」，逐漸轉為「義理之天」。如《論語》所載：

> 獲罪於天，無所禱也！（八佾）

> 子所否者，天厭之！天厭之！（雍也）

> 天生德於予，桓魋其如予何！（述而）

> 吾誰欺？欺天乎？（子罕）

> 噫！天喪予！天喪予！（先進）

儒家以孔子為首，孔子重視「人」更甚於「天」，對他而言，天是外在的力量，無法掌握；而人心是內在的力量，可以由明禮出發，先講求一個有禮的空間，再於心中建立起「仁」的世界。能在仁和禮的內外規範下，努力達成忠恕之

〔註24〕參徐復觀《中國人性論史》頁 36 至 61。

道，便是人格的最高表徵，故他說：「仁者，人也。」〔註25〕又說：「我欲仁，斯仁至矣。」〔註26〕凡事以人的行為道德立論。至於性與天道，則是孔子所不願去談的。〔註27〕到了孟子，他一面承繼孔子以仁為內容的人生哲學，一面也對「性」與「天」的關係作如下的闡釋，他說：

> 盡其心者，知其性也。知其性，則知天矣。存其心，養其性，所以
> 事天也。殀壽不貳，修身以俟之，所以立命也。（盡心）

孟子不避諱談論天人之間的分際，他覺得若心之外有性，心與性之外有天，則盡心不一定能知性；存心養性，也不能直接稱之為事天。凡是天在人之外，欲從外在的力量去證明天，都將是白費心機的。孟子以為，只有存心養性，才能真正事「天」。這就把孔子只談人不談天的理論依據，完全轉型消納，使人的體現與天的關係更為密切。〔註28〕如此看來，孔、孟的「天」，實際上是存在於每個人的心中，由人之自身來作決定，擺脫了以往天由外在予人行為的規範；換句話說，這時的天，雖仍遵守著古代傳統素樸的上帝觀念，然大體論之，人的地位已經晉升，透過人內在的自省，亦可上達天意。

到了老、莊道家，天的意義始為大變。《莊子》言天，取義自然。如：

> 夫吹萬不同，而使其自已也，咸其自取，怒者其誰耶？（齊物論）

> 公父文軒見右師而驚曰：「是何人也？惡乎介也。天與！其人與！」
> 曰：「天也，非人也。」（養生主）

> 渺乎小哉，所以屬於人。驚乎大哉，獨成其天。（德充符）

> 子貢曰：「敢問畸人。」曰：「畸人者，畸於人而侔於天。」（大宗師）

其之重言天如此，故荀子批評他：「莊子蔽於天而不知人。」〔註29〕這些天的涵義，已不復見傳統相承之神道觀，而純粹是宇宙間自然之天。《老子》一書，於天之外又言「道」：

> 孔德之容，惟道是從。（二十一章）

> 有物渾成，先天地生，寂兮寥兮，獨立不改，周行而不殆，可以為

〔註25〕《中庸》：「子曰：『仁者人也，親親為大。義者宜也，尊賢為大。』」
〔註26〕《論語・述而》第七。
〔註27〕《論語・公冶長》：夫子之文章，可得而聞也。夫子之言性與天道，不可得而聞也。
〔註28〕《孟子・盡心上》第一。
〔註29〕見《荀子・解蔽》篇。

天下母，吾不知其名，字之曰道。……人法地，地法天，天法道，
道法自然。（二十五章）

道常無名，樸，雖小，天下莫能臣。（三十二章）

道常無爲而無不爲，侯王若能守之，萬物將自化。（三十七章）

天道觀念的歷史演變，至此已極爲明顯。《象傳》中的「天」，也是自然之天；
尤有甚者，直以「乾道」來代替天道，這個天道觀念的遞嬗，顯然是由道家
所興起的。遂此，《象傳》〈乾〉卦云：

大哉乾元，萬物資始，乃統天。雲行雨施，品物流形。大明終始，六
位時成，時乘六龍以御天。乾道變化，各正性命。保合太和，乃利貞。

由天道觀念的歷史演變來看，孔子對「天」的解釋，雖上承春秋之說，然其
思想的內在理路，實以「人」爲依歸；對於深邃的「天人合一」觀，則引而
不發。而孟子的盡心、知性、事天，可算是過渡天人合一的交界，不過仍然
偏重在人的作爲上。到了《老》、《莊》道家，既講「天」也說「人」，但著重
在回歸自然界，並且還提出一套完整的宇宙論，一反儒家以人爲主的政治理
論。《象傳》言天，亦取法自然，相較於孔孟的人道主義，它受道家思想（主
要是《老子》）的影響，顯然更深。

（二）時代術語：剛柔

剛柔之對稱，較早見於《詩・商頌》：「不剛不柔，敷政優優。」句。又
《左傳》文公五年載晉大夫甯嬴云：「《商書》曰：『沈漸剛克，高明柔克』夫
子壹之，其不沒乎？天爲剛德，猶不干時，況在人乎？」其所指稱的「剛」、
「柔」，大都就人之性格上的剛強與柔弱言，尚未以此來統括事物的一種範
疇。自《國語・越語下》，范蠡論兵之法，曰：「用人無藝，往從其所，剛柔
以御，陽節不盡，不死其野。」剛柔的定義，開始漸趨於說明事物的性質；
依范氏言，「剛」有強進之義，「柔」有退守之德。至於《老子》，則將剛柔置
於哲學的體系中，如「天下之至柔，馳騁天下之至堅。」〔註30〕「守柔曰強」
〔註31〕「人之生也柔弱，其死也堅強。」〔註32〕「弱之勝強，柔之勝剛」等。
〔註33〕《老子》認爲，一般人眼中的「剛」，並非眞剛強，在它的觀念裡，能

〔註30〕《老子》四十三章。
〔註31〕《老子》五十二章。
〔註32〕《老子》七十六章。
〔註33〕《老子》七十八章。

持守柔弱的，才叫作「剛」。因此，當人們為自己的逞強而自鳴得意時，正是《老子》所嗤之以鼻的。究實而論，《老子》的剛柔觀，已具抽象思維，然其重「柔」的程度猶勝於剛。到了《象傳》，剛柔不僅用來區分乾、坤兩卦及奇偶二畫的性質，也是說明卦象、爻象範疇的基本元素。從《象傳》作者對剛柔二字的運用（達九十八次之多）看來，《老子》的剛柔說，無疑是它抽象化、體系化的前階。

　　由以上的思想線索判斷，《象傳》當晚起於《老子》一書之後。

三、相關資料之旁證

　　《荀子・大略篇》云：「《易》之〈咸〉，見夫婦。夫婦之道不可不正也。君臣父子之本也。咸，感也。以高下下，以男下女，柔上而剛下。」此段引話與《象傳》〈咸〉卦象辭相似。《象傳》〈咸〉卦云：「咸，感也。柔上而剛下，二氣感應以相與，止而說，男下女。」二者之先後，曾有不小的爭議。郭沫若〈周易之制作時代〉說：「兩者之相類似是很明顯的。假如荀子是引用了《易傳》，應該要標明出它的來源。《荀子》書中引用他書的地方極多，都是標明了出處的，而關於〈咸〉卦的這一段議論卻全然是作為自己學說而敘述著，以荀子那樣富於獨創性的人，我們可以斷定他的話絕不會是出於《易傳》之剽竊。」〔註34〕針對郭氏的一番話，張立文則舉反證以駁，他說：「誠然，《荀子》書中引用他書是標明出處的。他引《易傳》的話不是已標明出於《易》之〈咸〉？況且《荀子・非相篇》還引〈坤〉卦六四爻辭：「《易》曰：『括囊無咎無譽。』腐儒之謂也。」〈大略篇〉引〈小畜〉卦初九爻辭：「《易》曰：『復自道，何其咎』。」可見，荀子引用《周易》不僅有《傳》，也包括《經》。大體上引《易經》注明「《易》曰」，引《易傳》則注為「《易》之〈咸〉」。〔註35〕張岱年〈論易大傳的著作年代與哲學思想〉一文亦言：「我們不能因為荀子是一個富於獨創性的思想家，就斷定《荀子》各篇都不會引用舊文。這條開端三字是『易之咸』，這就足以表明，這條正是引述《周易》中《象傳》的文句而加以發揮。」〔註36〕姑不論其獨創性如何？就荀子而言，他自己曾說過「善為易者不占」之類的話（〈非相篇〉），應該不致於主動去解釋《易》卦卦辭的涵意；再者，〈大略篇〉只不過是一些資

〔註34〕同註20，頁397。

〔註35〕詳見張立文《周易與儒道墨》頁45。台北：東大圖書公司，1991，初版。

〔註36〕《中國哲學》第一輯，北京：三聯書店，1981年版。

料的摘錄與整理，可能是荀子門徒所編，因其皆為荀子引舊文以示教之言，故直皆抄錄，未敢妄改。基於以上的論證，《象傳》應是荀子之前的作品。

　　據此，《象傳》的著成年代，不會早於戰國初期，當在戰國中期以後，《老子》與荀子之間。

第二章　《彖傳》概述

第一節　《彖傳》之名義辨識

象之名稱，在易學上有兩種解釋：一是卦辭，一是《彖傳》。稱「彖」為卦辭時，屬於經文部分；稱「彖」為《彖傳》時，則屬傳文部分。兩者的內容並不相同，可是在稱呼上卻完全一樣，這是個頗值得玩味的問題。其實，彖字並非起源自易學，它在未成為易學的專有名詞以前，是有其文字學上之本義的，只不過不為人所道罷了。因此，在進入本章的內容課題前，擬以彖字之本義與假借義兩方面來作說明。

一、從文字學上看彖字本義

《說文解字》是我國最早且最完整的一部字書，作者許慎對「彖」字的解釋如下：

> 彖，豕走也，從彑從豕省。

段玉裁《注》認為今本《說文》遺漏「悅」一字，古本應作「彖，豕走悅也」。〔註1〕而阮元《揅經室集・一》則認為《玉篇》的「悅」乃「挩」之誤；《說文》「挩，解挩也」，挩即古代之「脫」字。《廣雅・釋言》亦云「彖，挩也」與《說文》、《玉篇》合，彖之為「豕走挩也」，意甚明顯。〔註2〕阮氏的考證，對於我們瞭解彖字的本身，的確有所助益。從中國的造字原則看來，「彖」當是一會意

〔註1〕段玉裁《注》：《玉篇》作豕走悅也，恐是許書古本如此。
〔註2〕參阮元《揅經室集卷一・釋易彖音》頁2，台北：世界，1964，初版。

字，以「彑」象豕之頭，下「豕」省象豕之尾，〔註3〕有首尾分離之意。許氏合此二文以成其說，便是「豕走脫也之義。「彖」的本義，初看之下，似乎與後來易學中的假借義無法聯繫。事實上，若仔細觀查彖字本身的內在意涵，就會發現二者之間仍是有所交集的。「豕走挩也」意謂豕脫離了群隊，有「分」之意；而易學中的「彖」字，注家解爲「斷」，在某種程度的意義上，是相互交通的。只不過，誠如段玉裁於《說文·注》裡所說的：「古人用彖字，必系假借，而今失其說。」本義既不行於世，假借義自然取而代之。這也就是爲什麼後來的治易學家在討論《彖傳》的時候，多半以假借義分析之的原因。

二、從易學中看彖字之假借義

（一）就其性質言，可分為二：

1、彖字作「卦辭」解

《易傳》中，曾對「彖」之一字有過解釋的，只有《繫辭傳》。今將其例句徵引如下：

> 彖者，言乎象者也。爻者，言乎變者也。（上傳）
>
> 彖者，材也。爻也者，效天下之動者也。（下傳）
>
> 知者觀其彖辭，則思過半矣。（下傳）
>
> 八卦之象告，爻彖以情言。（下傳）

此四條文例，說的都是卦辭的性質。以一、二、四條爲例，《繫辭傳》中的「彖」與「爻」，幾乎是相連而並舉，爻既指「爻辭」，那麼彖謂「卦辭」，正是《周易》經文卦爻辭對立關係的呈顯；而第三例中之「彖辭」一詞，則直接顯示《繫辭傳》所言的彖字，即經文六十四卦卦辭的內容。可見彖字於《繫辭傳》中，皆作「卦辭」解。不過，這裡也出現了一個問題：即《繫辭傳》之作者爲何要以同《彖傳》相同的名稱來釋卦辭？難道《繫辭傳》不怕重名混淆之累。關於這個問題，李鏡池、高亨兩位在其論作中，都曾注意到。李氏《易傳探源》說：「『彖辭』一名，當起于『彖傳』之後，彖字本與象字同義，但後來因《彖傳》專解卦與卦辭，就用了『彖』或『彖辭』來代表卦辭。」〔註4〕他的這番話，主要

〔註3〕《說文》彑部下云：「彑，豕之頭，象其銳而上見也；豕部下云：彘也，竭其尾，故謂之豕。象其毛足而後有尾。」

〔註4〕參《古史辨》頁123，台北：藍燈文化事業有限公司，1987年版。

是根據《繫辭傳》中的四個例句來下判斷，是否真是如此，無法證明。不過，他說「彖辭」起於《彖傳》之後，則是有可能的。在春秋、戰國時期，「卦辭」「爻辭」皆統稱爲「繇」，並不見有「彖辭」，舉《左傳》爲例：

> 武子筮之，遇〈困〉之〈過〉。文王曰：夫從風，風隕妻，不可妻也。
>
> 且其繇曰：困于石，據于蒺藜，入于宮，不見其妻，凶。（襄公二十
>
> 五年）
>
> 孔成子以《周易》筮之，遇〈屯〉之〈比〉，其繇曰：利建侯。（昭
>
> 公七年）

上引之文，前者以「繇」稱爻辭，後者以「繇」稱卦辭；而「彖」「爻」之並稱，始於《繫辭傳》，大概是《繫辭傳》作者那時代通行的名詞。高亨《周易大傳今注》也曾就這個問題發表過意見，他說：「蓋《彖傳》與《繫辭》非一人所作。《彖傳》作者題其所作之傳曰《彖》，並不稱卦辭爲彖也。《繫辭》作者稱卦辭爲彖，並不知別有易傳名《彖》也，及編爲一帙，彖字之義始易相混」。〔註5〕根據高氏的體認，《易傳》裡的作品，個個獨立成篇，因此才會在不知情的狀況下，出現名稱重疊的困擾。他的說法，自有其獨到之處，但是不可置否的，也有些值得再商榷的地方。因爲《繫辭傳》在《易傳》中，是屬於通論性的作品，文中明顯夾雜不少有關其它《易傳》的思想，〔註6〕不能因爲彼此的作者不同，就認定其思想或名稱不會交通。況且《彖傳》是《易傳》中，較早完成的一篇，以易學傳承的角度看，《繫辭傳》之作者，當不致於忽略《彖傳》這樣一部有系統的解經之書。總之，在沒有找到充分而且具體的論證前，李、高二氏的說法僅供爲參考之用。

2、彖字作《彖傳》解

彖字除了《繫辭傳》裡作「卦辭」外，一般都作《彖傳》解。王弼《周易略例》中有〈明彖〉一篇，便是針對《彖傳》之意義與內容而興說的專文。

> 夫《彖》者，何也？統論一卦之體，明其所由之主者也。夫眾不能
>
> 治眾，治眾者，至寡者也。夫動不能制動，制天下之動者，貞夫一
>
> 者也。故眾之所以得咸存者，主必致一也；動之所以得咸運者，原

〔註5〕 參高亨《周易大傳今注》頁3。

〔註6〕 《繫辭傳》裡，可以看出部分《彖傳》的思想，在剛柔方面如「動靜有常，剛柔斷矣。」「剛柔相推而生變化」「剛柔者，晝夜之象也。」「剛柔相推，變在其中矣。」等。

必無二也。物無妄然，必由其理。統之有宗，會之有元。故繁而不亂，眾而不惑。故六爻相錯，可舉一明也；剛柔相乘，可立主以定也。……夫古今雖殊，軍國異容，中之為用，故不可遠也。品制萬變，宗主存焉；《彖》之所尚，斯為盛矣。

〈明彖〉一文的主要目的，是論述《彖傳》之作用及其意義。王弼認為一卦雖有眾多之爻，但其中只有一爻能起主導作用，也就是這一卦的中心，而《彖傳》正是總論一卦，透過對一卦中起主導作用一爻的分析，來辨明一卦的主體所在。王弼在此章雖以闡釋《彖傳》為主，但在觀念上，卻有著濃厚的道家思想。如引文中「貞夫一者也」，單就卦而言，是指其中起主導作用的一爻；但若換個角度，就宇宙萬物之根源言，則指寂靜虛無的本體。在王弼看來，這兩層涵義是一致的，即《彖傳》的體例，以一爻為其主，體現了宇宙間萬物變化的規律性。實際上，他也間接地提出了自己的哲學觀點，他重視《彖傳》的義理，以簡約的原則去掌握認識六爻的復雜變化，從而追求事物變化的最高原則，於是有了「物無妄然，必由其理」這樣高深的領悟。可以說，王弼的易學思想，〈明彖〉篇已見其梗概。

（二）就其內涵言，亦可分為二：

1、彖字作「斷」解

《彖傳》雖解釋《周易》之經文，然並未對「彖」字做過任何字面上說明。據史料文獻的記載，最早定義「彖」字的，為南朝齊人劉瓛。他依著《彖傳》的解釋方式，注曰：「彖者，斷也，斷一卦之才也。」〔註7〕隨後，褚氏、庄氏亦云：「《彖》，斷也，斷定一卦之義，所以名《彖》也。」〔註8〕此後，彖訓為「斷」，便為一律。劉瓛之釋「彖」為「斷」，從他取相近的兩個字音看來，大概與雙聲疊韻之「音訓」脫離不了關係。中國之音訓（又稱聲訓），由來以久，早在孔子、孟子時代，便已開始。如《論語·顏淵》中，孔子回答季康子之話：

政者，正也。子帥以正，孰敢不正？

又如《中庸》第二十章記孔子言：

仁者，人也，親親為大。義者，宜也，尊賢為大。

〔註7〕劉瓛撰有《周易義疏》，已佚。「彖者，斷也」之說引自李鼎祚《周易集解》一書。

〔註8〕褚氏名仲都，梁人，撰有《周易講疏》，已佚。庄氏其人則未詳。

如此採用同音的字來釋義，一方面使人易於了解；另一方面，也好闡明自己的政治理念。而孟子比孔子更常運用音訓的方法來說解字義，如《孟子·滕文公上》記載夏、商、周三代的田賦及學校之名稱，言：

> 夏后氏五十而貢，殷人七十而助，周人百畝而徹，其實皆什一也。
>
> 徹者，徹也；助者，藉也……，庠者，養也；校者，教也；序者，
>
> 射也。夏曰校，殷曰序，周曰庠，則三代共之，所以明人倫也。

孟子以「徹」解「徹」的方式，即是以本字爲訓。王力《中國語言學史》說：「以本字爲訓的辦法，就是取一個常用的字義解釋一個不很常用的字義」。〔註9〕能掌握「徹」之常用義「通」；「助」的常用義「憑藉」，對三代田賦之名稱，便能一目了然。這種情形，不只孔孟書中才有，甚至《易傳》裡頭，也廣泛地使用著。如《彖傳》之需卦云「需，須也」、剝卦云「剝，剝也」、咸卦云「咸，感也」、夬卦云「夬，決也」、兌卦云「兌，說也」；《說卦傳》之曰「乾，健也、坤，順也、坎，陷也、離，麗也、兌，說也」等。它們都是以語音相同或相近的詞，來詮釋字的眞正含義。而漢代可以說是音訓的鼎盛時期，舉凡《春秋繁露》、《白虎通》、《風俗通》，幾乎每章都有音訓，劉熙的《釋名》，更是一部以音訓爲主的專書。音訓的發達，顯示中國古代之釋詁「以聲爲訓」居多。〔註10〕劉瓛於所著《周易義疏》中，釋「彖」爲「斷」，〔註11〕多多少少是受了漢人訓詁風氣的影響。

2、彖字作「裁」解

清儒阮元《揅經室集》卷一裡，有〈釋易彖音〉〈釋易彖意〉，爲兩篇討論「彖」字音義的專文。在〈釋易彖音〉中，阮元懷疑《說文》部下之「彖」「彖」二字的解釋，有錯亂顚倒之嫌。〔註12〕他認爲「彖」字乃通貫切，本義「豕也」，音近於「緣」，有緣飾隆起之意；而彖字音近於「材」「蠡」，有劙刻分解之意。兩者的分別，在於多寡一畫之間。因此，《繫辭傳》中「彖者

〔註9〕 參王力《中國語言學史》頁5，板橋：駱駝出版社，1987版。

〔註10〕 王引之《經義述聞》卷二十三說：「夫訓詁之要，在聲音，不在文字。」清儒戴東原《六書音均表序》說：「故訓音聲，相爲表裏。」可見，在中國訓詁的條例「聲訓」「義訓」「形訓」中，仍以「聲訓」爲訓詁的重心。

〔註11〕 唐·陸德明《經典釋文》卷一〈周易音義〉云：「彖，吐亂反，斷也；斷音，都亂反。」兩者皆是舌頭音，且聲母韻母也相同，正與音訓條例中之「同聲多同義」者合。

〔註12〕 《說文》彖字下云：「彖，豕也，從彑從豕，讀若弛。」

材也」之「彖」，當是「象」。阮氏之所以有此觀點，亦在於古代之音訓相兼，音中有義的成例。「彖」既釋「材」，必須才音同部。

確立「彖」字之音聲後，阮氏復於〈釋易彖意〉一文裡，探討它的意義。他說：「《方言》曰：蠡，分也。蠡尚訓爲分，則彖字本訓爲分可知也。」而《繫辭傳》訓「彖」爲材，「材」與「裁成天地之道」之「裁」同義，故以「彖」即「裁也」，有裁定之意。〔註13〕阮氏對於「彖」字的釋義與劉瓛頗爲相近，都有「斷」意。然值得注意的是，他以爲《繫辭傳》中的「彖者材也」句，是音訓相兼的緣故。因此，一開始即朝「彖音必與才音同部」尋索二者間的種種聯繫，這樣的情況，容易產生一個現象：倒果爲因。前面我們曾討論到《繫辭傳》裡的「彖」字，其義皆作「卦辭」解；而「彖者材也」的「材」，也是同卦辭之性質言說的，與音訓相兼無多大關係。故阮氏的說法，較有爭議性。〔註14〕

結　語

彖字在古代的文獻中，並不多見。然一出現，即爲《彖傳》之專有名詞，致使人誤以爲它起源於易學，而不知其有文字學上的本義。究實而論，彖字一詞，有本義、假借義。本義如許愼《說文》所載，爲「豕走挩也」之意；假借義則可分爲兩類：一是就其性質層面來看，「彖」於《繫辭傳》爲「卦辭」之意；於《彖傳》則是解釋《周易》經文的「傳」。一是就其內在義來看，有「斷」及「裁」之解釋。「斷」之爲義，一方面與「豕走挩也」的本義可以聯繫；一方面也和彖之讀音聲韻相通，故現行的彖義，皆本此說。至於清儒阮元的說法，獨樹一格，在其「持之有故，言之成理」的推辯過程中，仍有部分尚待澄清之處，故僅供參考。

第二節　《彖傳》之義例

《周易》上下經文，原是爲占筮而設的。條文簡單平易，既無深鴻奧義，也沒有使人窮索不已的象數爻位。到了春秋時代，說《易》之人，除了保持它原有的巫術色彩與神秘意味外，也開始著手解釋經文的卦名、卦辭和爻辭；尤

〔註13〕《揅經室集》卷一，頁3。
〔註14〕日人海保魚村《周易古占法釋象》一文，便對阮氏古昔因訓相兼的說法不以爲意。參戶田豐三郎所《周易彖繫兩傳的形成》，《書目季刊》，5卷4期，1971年6月。

其喜歡談卦象，不僅談本卦卦象，而且談之卦卦象。至於卦義的部分，則最為減少。〔註15〕戰國時期，《易傳》的出現，繼承前代易說的基礎，並且就本卦的象數爻位，引伸發揚之，以抒寫其對於自然界、社會、政治、人生等諸方面的種種觀點。也因此，《周易》得以超脫筮書的藩籬，一躍而進入哲學著作的領域。

　　《易傳》中之說易例者，始於《彖傳》。《彖傳》隨經文分為上下兩篇，共六十四條，對於《周易》的解釋，多採象數之說。這裡的象數，並非《左傳》中：「龜，象也；筮，數也。」之象數，〔註16〕而是《周易》六十四卦的卦象和爻數。《周易》言象有兩種：一稱卦象，一稱爻象。卦象包含卦位，即乾（天）、坤（地）、震（雷）、巽（風）、坎（水）、離（火）、艮（山）、兌（澤）八卦，與其兩兩相重而成的六十四卦所象之事物及其位置關係；爻象泛指陰陽二爻所象之諸種事物。《周易》的「數」只有爻數（即爻位），無所謂卦數；每卦六爻，分別以「初」「二」「三」「四」「五」「上」，各明其位次。奇數為陽，偶數為陰，故「初」、「三」、「五」為陽位，「二」、「四」、「上」為陰位。須留心的是：《周易》六十四卦的卦象同爻位之間，原本沒有必然的關聯，《彖傳》作者為了追求其間的內在聯繫，不得不提出一套周密而完整的說辭，以便「統之有宗，會之有元」，〔註17〕因而有了爻位說的產生。所謂爻位說，即以爻象於全卦中所處的地位，來說明一卦之吉凶。〔註18〕在爻位說裡，「剛」與「柔」是主要的兩個概念，象徵天地間所有對立事物的共同屬性，《彖傳》以此來概括所有卦象和爻象的對立，打破了各個具體實物的限制，並且藉由剛柔相互交涉，所表現出的種種變化（如交、感、相應、當位、中正、承乘、往來、上下），來闡發自然界與人生、家庭、社會、政治間的互動關係。整部

〔註15〕 高亨〈左傳國語的周易說通解〉一文：《左傳》裡用《周易》占筮人事的有十一條，引《周易》論證人事的有六條，用與《周易》同類的筮書占筮人事的有兩條。《國語》裡只有用《周易》占筮人事的三條……這樣比重，大致可以說明，春秋時人用《周易》占筮人事的時候多，引《周易》論證人事的時候少；也就說明春秋時人基本是從占筮角度來利用《周易》，但已經開始從哲理角度來理解《周易》了。參《周易研究論文集・二》頁151，北京：師範大學出版社，1989，1版。

〔註16〕 《左傳・僖公十五年》：「惠公在秦，曰：『先君若從史蘇之占，吾不及此夫。』韓簡侍曰：『龜，象也；筮，數也。物生而後象，而後滋，而後有數。先君之敗德，及可數乎，史蘇是占，勿從何益。』」

〔註17〕 王弼《周易略例・明象》：「物無妄然，必有其理。統之有宗，會之有元，故繁而不亂，眾而不惑。」

〔註18〕 爻位說一詞，乃採朱伯崑《易學哲學史》之說法。台北：藍燈，1991，初版。

《象傳》，其實就是以剛柔爲其理論之中心。〔註19〕當然，在企圖將六十四的內容邏輯化、體系化的過程，作者又不免爲發抒自己的人生理念，賦予卦辭新的意蘊：儒家的「時」，道家的「化」，皆在宇宙人生的洪流中體現，擅於利用時間，即是再造生命的原起。因此，貴察時義成了《象傳》思想不可或缺的主導宗旨，也是《周易》繫之以爲義理範疇的關鍵所在。

　　《象傳》論六十四卦占筮的原則，雖然繁賾複雜，較難統以觀之。倘若我們能循繹出其講說經文的通篇體例，並加以歸納分析，必然有助於理解《傳》文中的微言宏旨。故下面于《象傳》的解經之法，歸納分類後，再一併概述：〔註20〕

一、兼釋卦名，如：

需《象》：「需，須也。」

師《象》：「師，眾也。」

比《象》：「比，輔也。」

噬嗑《象》：「頤中有物，曰：噬嗑。」

剝《象》：「剝，剝也。」

大過《象》：「大過，大者過也。」

坎《象》：「習坎，重險也。」

離《象》：「離，麗也。」

咸《象》：「咸，感也。」

恆《象》：「恆，久也。」

晉《象》：「晉，進也。」

蹇《象》：「蹇，難也。」

夬《象》：「夬，決也。」

姤《象》：「姤，遇也。」

萃《象》：「萃，聚也。」

艮《象》：「艮，止也。」

〔註19〕參載璉璋《易傳之形成及其思想》頁 75。台北：文津出版社，1989，初版。

〔註20〕近人注意到《易傳》之義例者：有屈萬里（《先秦漢魏易例述評》）、高亨（《周易大傳今注》）、胡自逢（〈周易象傳研究〉）等學者。本節中之分類，以此三人之說爲依據。

豐《彖》：「豐，大也。」

兌《彖》：「兌，說也。」

二、先引據經文，再釋其義，如：

坤《彖》：「西南得朋」乃與類行，「東北喪朋」乃終有慶。

比《彖》：「原筮元永貞，無咎」以剛中也，「不寧方來」上下應也，「後夫凶」其道窮也。

小畜《彖》：「密雲不雨」尚往也，「自我西郊」施未行也。

同人《彖》：「同人于野，亨，利涉大川」乾行也。

蠱《彖》：「利涉大川」往有事也，「先甲三日，後甲三日」終則有始，天行也。

臨《彖》：「至於八月有凶」消不久也。

觀《彖》：「觀，盥而不薦，有孚顒若」下觀而化也。

無妄《彖》：「其匪正有眚，不利有攸往」無妄之往，何之矣，天命不祐，行矣哉！

頤《彖》：「頤，貞吉」養正則吉也，「觀頤」觀其所養也，「自求口實」觀其自養也。

恆《彖》：「恆，亨，無咎，利貞」久於其道也。天地之道，恆久而不已也。

蹇《彖》：「蹇利西南」往得中也，「不利東北」其道窮也，「利見大人」往有功也。

解《彖》：「解，利西南」往得眾也，「其來復，吉」乃得中也，「有攸往，夙，吉」往有功也。

益《彖》：「利有攸往」中正有慶，「利涉大川」木道乃行。

夬《彖》：「揚于王庭」柔乘五剛也，「孚號有厲」其危乃光，「告自邑，不利即戎」所尚乃窮也，「利有攸往」剛長乃終也。

姤《彖》：「勿用取女」不可與長也。

萃《彖》：「王假有廟」致孝享也，「利見大人，亨」聚以正也，「用大牲吉，利有攸往」順天命也。

升《彖》：「用見大人，勿恤」有慶也，「南征吉」志行也。

困《彖》：「有言不信」尚口乃窮也。

震《象》：「震來虩虩」恐致福也，「笑言啞啞」後有則也，「震驚百里」
　　　驚遠而懼邇也。

豐《象》：「王假之」尚大也，「勿憂，宜日中」宜照天下也。

節《象》：「苦節不可貞」其道窮也。

小過《象》：「飛鳥遺之音，不宜上，宜下，大吉。」上逆而下順也。

三、述卦象卦德例，如：

屯《象》：「屯，剛柔始交而難生，動乎險中。」（屯䷂，坎上震下）

蒙《象》：「山下有險，險而止，蒙。」（蒙䷃，艮上坎下）

需《象》：「剛健而不陷，其義不困窮矣。」（需䷄，坎上乾下）

訟《象》：「訟，上剛下險，險而健，訟。」（訟䷅，乾上坎下）

師《象》：「剛中而應，行險而順。」（師䷆，坤上坎下）

小畜《象》：「健而巽，剛中而志行，乃亨。」（小畜䷈，巽上乾下）

履《象》：「柔履剛也，說而應乎乾，是以履虎尾，不咥人，亨。」（履䷉，
　　　乾上兌下）

泰《象》：「內陽而外陰，內健而外順，內君子而外小人。」（泰䷊，坤
　　　上乾下）

否《象》：「內陰而外陽，內柔而外剛，內小人而外君子。」（否䷋，乾
　　　上坤下）

同人《象》：「柔得位得中而應乎乾，曰：同人。」（同人䷌，乾上離下）

大有《象》：「其德剛健而文明。」（大有䷍，離上乾下）

隨《象》：「剛來而下柔，動而說，隨。」（隨䷐，兌上震下）

蠱《象》：「剛上而柔下，巽而止，蠱。」（蠱䷑，艮上巽下）

臨《象》：「剛浸而長，說而順，剛中而應。」（臨䷒，坤上兌下）

大過《象》：「棟橈，本末弱也。」（大過䷛，兌上巽下）

咸《象》：「止而說，男下女，是以亨，利貞，取女吉。」（咸䷞，兌上
　　　艮下）

恆《象》：「剛上而柔下，雷風相與。」（恒䷟，震上巽下）

晉《象》：「明出地上，順而麗乎大明。」（晉䷢，離上坤下）

明夷《象》：「明入地中，明夷。」（明夷䷣，坤上離下）

家人《象》：「女正位乎內，男正位乎外。」（家人䷤，巽上離下）

解《彖》：「險以動，動而免乎險。」（解 ䷧，震上坎下）

夬《彖》：「剛決柔也，健而說，決而和。」（夬 ䷪，兌上乾下）

姤《彖》：「柔遇剛也。」（姤 ䷫，乾上巽下）

困《彖》：「險以說，困而不失其所亨，其唯君子乎。」（困 ䷮，兌上坎下）

井《彖》：「巽乎水而上水，井，井養而不窮也。」（井 ䷯，坎上巽下）

革《彖》：「水火相息，二女同居，其志不相得，曰：革。」（革 ䷰，兌上離下）

鼎《彖》：「鼎，象也。以木巽火，亨飪也。」（鼎 ䷱，離上巽下）

四、釋爻位之例

1、《彖傳》於爻，二、五稱中。二居下體之中，五居上體之中，反之亦稱中。

蒙《彖》：「初筮告，以剛中也。」（䷃，謂九二）

比《彖》：「原筮元永貞，無咎，以剛中也。」（䷇，謂九五）

同人《彖》：「柔得位得中而應乎乾，曰同人。」（䷌，謂六二）

無妄《彖》：「剛中而應。」（䷘，謂九五）

坎《彖》：「維心亨，乃以剛中也。」（䷜，謂九二、九五）

旅《彖》：「柔得中乎外而順乎剛。」（䷷，謂六二）

小過《彖》：「柔得中，是以小事吉也。」（䷽，謂六二、六五）

2、凡陽居五、陰居二，皆曰中正，亦曰正中。

訟《彖》：「利見大人，尚中正也。」（䷅，謂九五）

履《彖》：「剛中正，履帝位而不疚。」（䷉，謂九五）

觀《彖》：「中正以觀天下。」（䷓，謂九五）

益《彖》：「中正有慶。」（䷩，謂六二、九五）

巽《彖》：「剛巽乎中正而志行。」（䷸，謂九五）

節《彖》：「中正以通。」（䷻，謂九五）

需《彖》：「位乎天位以正中也。」（䷄，謂九五）

3、凡初爻居卦之最下稱「本」，上爻稱「末」。

大過《彖》：「大過，大者過也。棟橈，本末弱也。」（䷛，本謂初六、末

　　　謂上六）

4、凡爻之所居曰位，五爻曰尊位、天位或帝位。

　　漸《象》：「其位，剛得中也。」（䷴，謂九五）

　　大有《象》：「柔得尊位。」（䷍，謂六五）

　　需《象》：「位乎天位，以正中也。」（䷄，謂九五）

　　履《象》：「剛中正，履帝位而不疚。」（䷉，謂九五）

5、凡陽居初三、五，陰居二、四、上，稱為當位；反之，若陽居二、四、上，陰居一、三、五，則稱不當位、位不當或失位。

　　遯《象》：「剛當位而應。」（䷠，謂九五）

　　蹇《象》：「當位貞吉。」（䷦，謂九五）

　　節《象》：「當位以節，中正以通。」（䷻，謂九五）

　　既濟《象》：「剛柔正而位當也。」（䷾，六爻皆當位）

　　噬嗑《象》：「柔得中而上行，雖不當位，利用獄也。」（䷔，謂六五）

　　未濟《象》：「雖不當位，剛柔應也。」（䷿，六爻皆不當位）

　　小過《象》：「剛失位而不中。」（䷽，謂九四）

6、凡初與四、二與五、三與上，陰陽互異稱「應」，不應則稱「敵」。

　　師《象》：「剛中而應。」（䷆，謂九二應六五）

　　豫《象》：「剛應而志行。」（䷏，謂初六應九四）

　　恆《象》：「剛柔皆應。」（䷟，初六應九四、九二應六五、九三應上六）

　　艮《象》：「上下敵應，不相與也。」（䷳，謂六爻皆不應）

7、凡一卦中之臨近兩爻，上者曰「乘」，下者曰「承」；柔乘剛多凶，剛乘柔則吉。

　　夬《象》：「揚于王庭，柔乘五剛也。」（䷪，上六乘五陽爻）

　　歸妹《象》：「無攸利，柔乘剛也。」（䷵，六五乘九四，六三乘九二）

　　姤《象》：「姤，遇也，柔遇剛也。」（䷫，初六遇九二）

　　巽《象》：「柔皆順乎剛，是以小亨。」（䷸，初六承九二，六四承九五）

8、凡卦中各爻，由上至下曰「來」，由下而上曰「往」。

　　隨《象》：「剛來下柔，動而悅，隨。」（䷐，謂蠱上九來為隨初九）

　　賁《象》：「柔來而文剛。」（䷕，謂噬嗑五反為賁二）

　　復《象》：「復亨，剛反。」（䷗，謂剝上九為復初）

無妄《彖》：「剛自外來，而爲主於內。」（☴☳，謂大畜上九，來爲無妄初
　　九）

漸《彖》：「進得位，往有功也。」（☶☴，謂歸妹九二反爲漸九五）

渙《彖》：「剛來而不窮。」（☴☵，謂節九五來爲渙二）

蹇《彖》：「往得中也。」（☵☶，九五自解九二往）

9、凡卦上體謂之外，下體謂之內。

泰《彖》：「內陽而外陰，內健而外順。」

否《彖》：「內陰而外陽，內柔而外剛。」

家人《彖》：「女正位乎內，男正位乎外。」

旅《彖》：「柔得中乎外而順乎剛。」

渙《彖》：「柔得位乎外而上同。」

明夷《彖》：「內文明而外柔順。」

五、以天道比附人事，互闡其理。

泰《彖》：「天地交而萬物通也；上下交而其志同也。」

謙《彖》：「天道虧盈而益謙，地道變盈而流謙，鬼神害盈而福謙，人道
　　惡盈而好謙，謙尊而光，卑而不可踰，君子之終也。」

頤《彖》：「天地養萬物，聖人養賢以及萬民，頤之時義大矣哉！」

豫《彖》：「天地以順動，故日月不過而四時不忒；聖人以順動則刑罰輕
　　而民服。」

觀《彖》：「觀天之神道而四時不忒；聖人以神道設教而天下服矣。」

咸《彖》：「天地感而萬物化生，聖人感人心而天下和平，觀其所感而天
　　地萬物之情可見矣。」

革《彖》：「天地革而四時成，湯武革命，順乎天而應乎人。」

節《彖》：「天地節而四時成，節以制度，不傷財，不害民。」

六、釋卦義之所貴者在「時」

乾《彖》：「大明終始，六位時成，時乘六龍以御天。」

蒙《彖》：「蒙亨，以亨行，時中也。」

大有《彖》：「應乎天而時行，是以元亨。」

豫《彖》：「豫之時義大矣哉！」

隨《彖》：「隨，大亨貞無咎，而天下隨時，隨時之義大矣哉！」

頤《彖》：「頤之時大矣哉！」

大過《彖》：「大過之時大矣哉！」

坎《彖》：「險之時用大矣哉！」

遯《彖》：「遯之時義大矣哉！」

睽《彖》：「睽之時用大矣哉！」

蹇《彖》：「蹇之時用大矣哉！」

解《彖》：「解之時大矣哉！」

損《彖》：「損益盈虛，與時偕行！」

益《彖》：「凡益之道，與時偕行！」

姤《彖》：「姤之時義大矣哉！」

升《彖》：「柔以時升！」

革《彖》：「革之時大矣哉！」

艮《彖》：「時止則止，時行則行，動靜不失其時，其道光明。」

豐《彖》：「日中則昃，月盈則食，天地盈虛，與時消息。」

旅《彖傳》：「旅之時義大矣哉！」

小過《彖傳》：「過以利貞，與時行也。」

在《象傳》以前的《周易》卦象，大多以具體的人、事、物象徵之，如天、父、君；地、母、馬；雷、長男、車；風、女；水、泉、夫；火、日、臣、牛；山、男；澤、妻等。到了《象傳》，認為陽爻像陽性之物，即象剛性之物，陰爻像陰性之物，即象柔性之物；具體言之，則有權位之國君、強而有力之人，象剛健之德；無權無位、受統治之臣民、弱而無力之人，則象柔順之意。順此而下，便稱奇、偶兩畫或者陰陽二爻為「剛」、「柔」，以剛柔之術語，來包括所有卦象、爻象的對立。剛柔說法的提出，表示對卦爻象位的解釋，進一步抽象化了；而導引其抽象化者，則是來自《老子》重柔弱、反剛強的刺激（參第一章）。剛柔二字於《象傳》中，一共出現九十八次之多，是其論述卦象、爻象的基本架構，徐復觀《中國人性論史》說：「象辭則從卦辭爻辭的具體實物中解放出來，便可以打破各個實物的限制，建立比較合理的規律，這是《易》的一大進步。」〔註21〕在剛、柔卦象的基礎上，《象傳》提出了「爻位說」，〔註22〕包括（1）

〔註21〕徐復觀《中國人性論史》頁559，台北：商務，1988，9版。

剛柔當位（2）剛柔應位（3）剛柔得中（4）剛柔承乘（5）剛柔往來（6）剛柔趨時等，以解釋六十四卦之卦義和卦辭。

　　從以上之義例看來，爻位說是《彖傳》作者用心最力的一環，也是它之所以成為易學中最具系統的關鍵。在爻位說裡，《彖傳》作者努力追求彼此間的關聯性，並且企圖將《周易》六十四卦之內容予以邏輯化、體係化。當然，在蘊育思想的過程，作者也不免其俗地將當時的社會狀況、政治階級和學術思潮等流行的產物，帶入易學。比如《彖傳》於奇—偶--二數之變化，視陽者為尊、陰者為卑。陽居陽位、陰居陰位則吉；陽居陰位或陰居陽位則不吉，從而提出當位與不當位的評判標準。於陰陽二爻之承接步驟，主張柔應承剛、剛應乘柔，亦即卑者應該服順於尊者，尊者也必須淩駕卑者，故柔承剛多吉，剛承柔多凶。於在上位者與下位者之分際，冀望由尊者領導卑者，卑者輔佐尊者，此即應位說之由來。作者透過對爻位的解釋，特別強調尊卑上下之階級觀念，倡導君臣、父子、夫婦各正其位（家人卦），顯然與當時之社會現象，有著密切的關係。《彖傳》之義例，主要目的是使《周易》六十四卦的內容邏輯化、體係化；而在邏輯化的過程中，作者其實已適時的提出了自己的政治立場了。

第三節　《彖傳》之主要思想

一、宇宙論

　　《彖傳》的宇宙觀念，可能採自道家之思想，尤其是《老子》。《老子》認為「道」是宇宙萬物的本源，曰：「道生一，一生二，二生三，三生萬物。」〔註23〕又曰：「有物混成，先天地生。寂兮寥兮，獨立而不改，周行而不殆，可以為天下母。吾不知其名，字之曰道，強為之名曰大。」〔註24〕道在未有天地之前，早已自然渾成，而且有其一定所遵行之規律性。人類是天地形成之後始有的，應該效法天地，尋得一立身之處，故曰：「人法地，地法天，天法道，道法自然。」〔註25〕道家這種以自然界理法為萬能，以道為先天之存在的現象，在《彖傳》釋〈乾〉、〈坤〉二卦中，最是明顯：

〔註22〕請參朱伯崑《易學哲學史》頁 64 至 69，台北：藍燈，1991，初版。
〔註23〕《老子》第四十二章。
〔註24〕《老子》第二十五章。
〔註25〕同註24。

> 大哉乾元，萬物資始，乃統天。雲行雨施，品物流行。大明終始，
> 六位時成，時乘六龍以御天。乾道變化，各正性命。保合太和，乃
> 利貞。首出庶物，萬國咸寧。

> 至哉坤元，萬物資生，乃順承天。坤厚載物，德合無疆。含弘光大，
> 品物咸亨。牝馬地類，行地無疆。柔順利貞，君子攸行。先迷失道，
> 後順得常。西南得朋，乃與類行，東北喪朋，乃終有慶。

這兩段話，原是對〈乾〉、〈坤〉卦辭「元亨利貞」的解釋，然其真正之用意，則在於建立自己的一套宇宙哲學。《彖傳》作者認為，宇宙間有一種道，稱為「乾道」。它超越於所有萬物之上，並且統率天地。凡萬物因它而始有，稱之「乾元」；萬物因它而生長，稱之「坤元」，乾以象天，天健於上，雲行雨施以滋潤萬物；坤以象地，大地順承天體，覆載萬物，萬物得之以生育養成。乾坤二元是萬物賴以生存的兩個基石，也根據天地之道，來說明其循環反復的宇宙觀念。

二、人生論

　　《彖傳》的宇宙觀念並不是孤立於人世之上，它的真正而且積極的作用，是根據天道來說明人道，尤其是政治方面，當天地、日月、四時之運行有了變化，人（主要指聖人）也應該隨之而變，如：

> 觀天之神道而四時不忒；聖人以神道設教而天下服矣。（觀）

> 天地養萬物，聖人養賢以及萬民。（頤）

> 天地感而萬物化生，聖人感人心而天下和平，觀其所感而天地萬物
> 之情可見矣。（咸）

> 女正位乎內，男正位乎外。男女正，天地之大義也。家人有嚴君焉，
> 父母之謂也。父父、子子、兄兄、弟弟、夫夫、婦婦而家道正；正
> 家而天下定矣。（家人）

> 天地節而四時成；節以制度，不傷財，不害民。（節）

> 天地革而四時成。湯武革命，順乎天而應乎人。（革）

> 聖人亨以享上帝，而大亨以養聖賢。（鼎）

這些例文，極富儒家色彩：「祭祀」、「孝享」、「正位」等觀念，是孔子所重視的；湯武革命，順天應人，為孟子所主張。《彖傳》的人生論裡，同孟子學說實有相

當的關聯。湯武革命思想，本於孟子，《孟子·梁惠王下》云：「賊仁者謂之賊，賊義者謂之殘；殘賊之人謂之一夫。聞誅一夫紂矣，未聞弒君也。」孟子以仁義道德立說，視湯武伐桀紂爲「革命」，而且認爲革命乃體現天道、順應人心之事，故「順天者存，逆天者亡」。〔註26〕就孟子而言，政權之得失，取決於天意民心。《彖傳》〈革〉卦發此言論，大概有感於當世環境時局之紊亂所致，並藉由孟子的理念，來闡述自己的政治觀點。除了革命思想採用孟子的學說外，《彖傳》的「養賢」觀念也來自孟子。賢人政治爲儒家一貫的主張，而孟子更提出了「養賢」的理論。他說：「悅賢不能舉，又不能養也，可謂悅賢乎？」〔註27〕又說：「堯之於舜也，使其子九男事之，二女女焉，百官牛羊倉廩備以養舜於畎畝之中，後舉而加諸上位，故曰王公之尊賢者也。」〔註28〕因此，《彖傳》之人生論，主要來自儒家思想中的孟子學說。

三、時義論

《彖傳》釋六十四卦卦辭中，明言「時」義者，有二十一卦之多，分別爲：〈乾〉、〈蒙〉、〈大有〉、〈豫〉、〈隨〉、〈頤〉、〈大過〉、〈坎〉、〈遯〉、〈睽〉、〈蹇〉、〈解〉、〈損〉、〈益〉、〈姤〉、〈升〉、〈革〉、〈艮〉、〈旅〉、〈小過〉、〈豐〉卦等。「時」即易道落入時、位（空間）中之變化，爲《彖傳》溝通天道與人道的重要元素。《彖傳》作者必深感於「時」的重要，始能發乎「時義大矣哉」、「時用大矣哉」之贊歎。（本論文將在第四章詳談）

結　語

大體言之，以天道與人道結合來說《易》，是《彖傳》思想的一大特色。在宇宙論中，乾道、坤道是其理論基礎的兩個作用，一主創化，一主載育，故曰「大哉乾元，萬物資始」、「至哉坤元，萬物資生」。而人生論裡，作者復以他的宇宙思想來說明人應執守的分際，此一分際，本乎儒家之正統，如祭祀孝享，君臣、父子、夫婦、兄弟等倫常禮教。至於時義論，則是溝通二者之間的主軸，能夠適當的辨識「時務」，便可即時地掌握事情的脈動。以上是《彖傳》思想的主要內容。

〔註26〕見《孟子·離婁上》。
〔註27〕見《孟子·萬章下》。
〔註28〕同註27。

第三章　《象傳》時義之思想淵源

　　錢穆說：「大凡一學術之興起，必有其中心思想所在。此中心思想者，對於其較近較前之有力思想，或爲承受而闡發，或爲反抗而排擊，必有歷史之跡象可求。」〔註1〕《象傳》作者之重視時義，既非起於一時的興說，也不是來自於獨立創作的思考能力，它乃是前有所承的。上一章曾經提到過，《象傳》的內容，不僅因循了《易經》卦辭的象位傳統，儒家的行爲道德和政治理念，也包含了道家的宇宙哲學。因此，在討論《象傳》的時義問題時，特別應該注意的，是易學、儒家、道家三者對於「時」的基本態度，以及它們所給予《象傳》作者在這方面的啓發與影響。

第一節　易經中的象位傳統

一、八卦中之「時」與「位」

　　《周易》之成書，最初所憑藉的，是傳說中的八卦。關於八卦的起源，《繫辭傳》裡有兩段文字記載：

　　　　古者包犧氏之王天下也，仰則觀象於天，俯則觀法於地，觀鳥獸之
　　　　文與地之宜，近取諸身，遠取諸物，於是始作八卦，以通神明之德，
　　　　以類萬物之情。

　　　　易有太極，是生兩儀，兩儀生四象，四象生八卦，八卦定吉凶，吉
　　　　凶生大業。

〔註 1〕見《古史辨・四》頁 384。

這是八卦制作最古老傳說。〔註2〕《繫辭傳》作者認爲八卦之形成是由太極而兩儀而四象而八卦，依次衍生的。在它的變化歷程中，不僅包含了往古來今的時間觀念，也包含了上下四方的空間意識，舉凡宇宙間一切事物的現象，皆可由八卦的法理中循繹出。此說法本之于宇宙本體論，哲學意味濃厚，未必符合八卦最初的創作原理，但是文中所闡明的時、位觀念，確實爲八卦的主要特色。八卦原以符號表現，沒有文字記載，中途又透過迷信卜筮的方式來播揚，很難找出其真正的制作因素；而時代的扞隔，也是造成困擾的因素之一。職是之故，八卦出於誰人之手以及它的起源爲何，無須過于拘泥，只要依著其卦的象徵意義與排列方式來探討其卦的「時」與「位」即可。

八卦原本的符號型態如右：☰、☷、☳、☴、☵、☲、☶、☱，分別代表宇宙間的八個自然現象：天、地、雷、風、水、火、山、澤，稱爲「初象」，其後定名爲乾、坤、震、巽、坎、離、艮、兌，即有原始簡單的宇宙思想，故八卦的定名，可算是宇宙秩序觀念的醞釀。☰、☷、☳、☴、☵、☲、☶、☱所代表的意義大約如下：〔註3〕

☰象徵天。其表現於整個自然界，如日月之上升、草木之發榮等，均在天的包含中，故有此象。

☷象徵地。其表現於自然界，如日月之降落、草木之衰枯，有向下反退，歸返於地的趨勢，故有此象。

☳象徵雷。春天時節，雷聲初發，萬物開始蟄動於地下，故有此象。

☴象徵風。風行天下，其跡難覓，草木動時則知風吹，故有此象。

☵象徵水。水流地中，川流不息，河道因而形成，故有此象。

☲象徵火。火爲光明之物，燦耀如日，有明照萬物的本能，故有此象。

☶象徵山。山高於地，危聳入雲，登臨其上，則可俯視大地，故有此象。

☱象徵澤。澤低地面，立於兩旁可見其倒影，故有此象。

這八個初象，不論是天上日月星辰的推移，風雨雷電的交作，或者是陸地上草木鳥獸的發榮生滅，山澤河海的滄田變化，都有它們的時間意義。其中，

〔註2〕 八卦之起源，除《繫辭傳》外，另有幾種說法：（1）源自男女生殖器官的象徵，錢玄同、郭沫若。（2）由文字或圖畫所引導出來的，郭沫若、范文瀾。（3）是龜卜兆文所演化，余永梁、屈萬里。

〔註3〕 參高懷民《先秦易學史》頁70。

☰、☶、☲、☳四個符號，即使上下顛倒，形式依然不變，更合乎了大自然中天、地、日、月運行不止的原理。由此，八卦中的「時」義了然可見。

　　此外，八卦的排列方式，根據《說卦傳》的記載，有三種：一是「天地定位，山澤通氣，雷風相薄，水火不相射，八卦相錯」章。〔註4〕一是「帝出乎震，齊乎巽，相見乎離，致役乎坤，說言乎兌，戰乎乾，勞乎坎，成言乎艮」章。〔註5〕一是「乾爲馬，坤爲牛，震爲龍，巽爲雞，坎爲豕，離爲雉，艮爲狗，兌爲羊」章。〔註6〕《說卦傳》的文字內容乃雜輯古今易說而成，其著成之年代雖屬戰國末期，仍有部分篇章承自上古遺說。它所載的三種排列方式，以方位顯示，則如下圖：〔註7〕

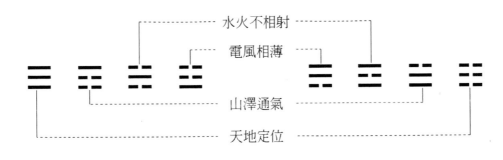

圖（一）

　　所謂「天地定位」的「位」，指的是上下之位，言天在上而地在下也。「山澤通氣」意謂山高近天，可通氣於天；澤低地面，可通氣於地。「雷風相薄」的「薄」，段玉裁《說文注》云：「凡相迫皆曰薄。」意謂近也；雷起於天，風行天下，二者於自然的天候上相近。「水火不相射」，射字，《說文》云：「弓弩發於身而中於遠也。」，義同於「及」；水指地面流動的河川，火指天上運行的旭日，兩不相及。這些話質樸實在，沒有任何哲學上的意義，可能是極爲早期的說法。宋·邵雍據此將八卦之方位順序排列爲：「乾南、坤北、離東、

〔註4〕見《說卦傳》第三章。朱熹《周易本義》注：「邵子曰：此伏羲八卦之位。乾南、坤北、離東、坎西、兌居東南、震居東北、巽居西南、艮居西北，於是八卦相交而成六十四卦，所謂先天之學也。」

〔註5〕見《說卦傳》第五章。朱氏注：「邵子曰：此卦位乃文王所定，所謂後天之學也。」

〔註6〕《說卦傳》之八、九章，主旨在於言「象」。高懷民《先秦易學史》說：「所言之卦象爲文王以前，筮術未興起時八卦的衍生象。」頁81。

〔註7〕參高懷民《先秦易學史》頁84。

坎西、震東北、兌東東南、巽西北，自震至乾爲順，自巽至坤爲逆。」，名之爲「先天伏犧八卦方位圖」，則是出於自己的見解。〔註8〕

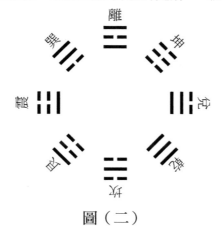

圖（二）

　　此卦圖爲八卦另一種排列方式。「帝出乎震。震，東方也。」震象雷，於四時爲春。春雷發聲，草木依之而生，位在東方（依五行東方爲木）。「齊乎巽。巽，東南也。」巽象風，時節爲春、夏之交，草木因風之吹拂而漸長，故位次震爲東南方。「相見乎離。離也者，南方之卦。」離象火，於四時爲夏，乃草木茂盛之際，位居南方（依五行南方爲火）。「至役乎坤，坤也者，地也。」坤象地，時節爲夏、秋之交，有草木葉落根歸之意，位在西南（依五行次第，木生火、火生土）。「說言乎兌」兌象說，於四時爲秋。秋天稻米成熟，五穀豐登，農家人人喜悅滿足，位在西方（依五行西方爲金）。「戰乎乾，乾，西北之卦。」乾象天，時爲秋、冬交際，草木遇寒而枯落，位在西北。「勞乎坎，坎者，水也，正北方之卦。」坎象水，於四時爲多（依五行北方爲水）。「成言乎艮，艮，東北之卦也。」艮象山，時節爲多、春之交，位在東北，以喻四時循環的結束。此卦圖的排列方式，與前者之差異極大。它以八卦配八方，同時又以震、離、兌、坎配春、夏、秋、冬四時，顯然經過刻意的安排，應可視其爲五行說流行以後所作。邵雍言此卦圖爲文王後天八卦方位圖，〔註9〕實際上是他繼承了漢《易》的傳統。

☰、☷、☳、☵、☲、☱、☴、☶

〔註8〕見邵雍《皇極經世》八卦正位圖。
〔註9〕邵雍《皇極經世‧觀物外篇》

這個卦序是依據卦象排列而成的，有別於前者刻意安排的形式；其所言之卦象，從內容看來，文王以前已有，〔註10〕而「—」、「--」一先一後之生成次序，和物體由下往上發展的理路相合，同圖（一）一樣，當是八卦中較早的排列方式。〔註11〕

以上是八個初卦的象徵意義及其排列方式的情形。在卦象中，我們可以感受到宇宙間自然現象所透露的訊息，體認天、地、雷、風、水、火、山、澤蘊含的「時間」變化；在方位中，我們也明瞭處於一時，必得一位。換句話說，「空間」意識是透過對天、地、雷、風、水、火、山、澤等八個自然現象的理解而設立的格局，兩者比鄰不離，是易卦據以建立的基礎。

二、六十四卦中之宇宙秩序

八卦發展至後來，演為六十四卦，「時」與「位」之觀念，更加明顯。六畫卦中，每一爻都代表著時、位的統合。以〈乾〉卦為例，『初九，潛龍，勿用。』《說文》云：「龍，春分而登天，秋分而潛淵。」潛龍在此比喻人隱居不出，處靜不動。筮得此爻，不宜有所作為，應該潛藏以待時。『九二，見龍在田，利見大人。』「見」，意為「現」，此時龍已離潛去隱，出現於田；大人是《周易》一書「貴族」、「王侯」、「大夫」之通稱，遇此爻位，宜有所施展。『九三，君子終日乾乾，夕惕若，厲無咎。』〔註12〕君子為「貴族」與「士」之通稱。〔註13〕此時位高眾民，出類拔萃；然位高則危，筮此爻者，宜處處小心，步步為營，才能安然無咎。『九四，或躍在淵，無咎。』或，不定之辭，毛奇齡《仲氏易》言：「淵者，下不離田，而上可與天接。躍則可上可下，正由田而天之際。」這個時期是龍發展的「可能」契機；遇此爻者，人得其所，可以無咎。『九五，飛龍在天，利見大人。』龍居此時，最是尊貴；筮得此爻者應大展鴻圖。『上六，亢龍，有悔。』亢，李鼎祚《周易集解》引王肅言：

〔註10〕《說卦傳》第八、九章之卦象：乾、為馬、為首；坤、為牛、為腹；震、為龍、為足；巽，為雞、為股；坎，為豕、為耳；離，為雉、為目；艮，為狗、為手；兌，為羊、為口。朱熹《周易本義》於前章注曰：「遠取諸物如此。」於後章注曰：「近取諸身如此。」

〔註11〕高懷民《先秦易學史》頁81至82。

〔註12〕〈乾〉卦九三爻之句讀，王弼《周易注》為：「君子終日乾乾，夕惕若厲，無咎。」而程頤《易傳》、朱熹《周易本義》皆作：「君子終日乾乾，夕惕若，厲無咎。」此本程、朱之說。

〔註13〕張惠言《周易虞氏義》曰：「三四人道，故不稱龍。三得位，故曰君子。」

「窮高曰亢」此時，龍居極高之外，位過乎中，若驕傲自滿，遠離臣民，則有悔恨；筮此爻者，宜有戒心。『用九，見群龍無首，吉』用九，李鼎祚《周易集解》引劉瓛言：「總六爻純九之義，故曰用九。」此時值鼎盛之際，位權達於極點，若自以為是，必遭至唾棄，為了能使國家長治久安，利固人心，應全身而退。從以上之〈乾〉卦例文中：初九、九二、九三、九四、九五、上九乃至用九，每一階段的變化歷程，都是「時間」的延續；而每一爻由下而上的自處之道，則是「空間」佈於時間中的位。《周易》中的每一卦每一爻，基本上都是時、位的組合，兩者間之關係，密不可分。

　　不獨卦爻中有「時」、「位」之觀念，事實上，整個六十四卦的設立，原本就是對宇宙萬物運動變化的一種模擬，時與位義，自然也充塞其間。如六十四卦以〈乾〉〈坤〉為首，乾字《說文》云：「上出也」，有「初發」之義；坤字《說文》云：「地也」，有「致養」之質。拿二者作為六十四卦的源起，即是以初生的形式動力與養成的質料能源，來說明宇宙構成之基始，又復以〈既濟〉、〈未濟〉卦為終。既濟，朱熹《周易本義》云：「事之既成也。」未濟，朱注曰：「事未成之時也。」六十四卦由〈乾〉、〈坤〉始，發展至〈既濟〉止，可說是一個階段的完成，然並未結束，因為宇宙之運行與其生滅變化是永不停止的，於是〈既濟〉之後，再以〈未濟〉示之，表明宇宙過程的本身無窮無盡。六十四卦就這樣，不斷的處於整個大循環中運動著、變化著；最後有了宇宙次序的規則。

　　關于此項規則，孔穎達《周易正義》卷九有如是的記載：「今驗六十四卦，二二相耦，非覆即變。表裡視之，遂成兩卦：〈屯〉、〈蒙〉；〈需〉、〈訟〉；〈師〉、〈比〉之類是也。變者，反覆唯成一卦，則變以對之：〈乾〉、〈坤〉；〈坎〉、〈離〉；〈大過〉、〈頤〉；〈中孚〉、〈小過〉之類是也。」孔氏文中所言之「覆」為「反復」之意，若將某一卦之內外卦上下顛倒、反轉，則會變成另成一卦，即來知德《易經來註圖解》所稱之「綜卦」。六十四卦中，除了乾☰、坤☷、坎☵、離☲、大過、頤、中孚、小過外，其餘都可兩兩反綜。現在將五十六卦反綜之情形，載錄於下：

屯	䷂	與	䷃	蒙	需	䷄	與	䷅	訟
師	䷆	與	䷇	比	小畜	䷈	與	䷉	履

泰 與 否　　同人 與 大有

謙 與 豫　　隨 與 **蠱**

臨 與 觀　　噬嗑 與 賁

剝 與 復　　無妄 與 大畜

咸 與 恆　　遯 與 大壯

晉 與 明夷　　家人 與 睽

蹇 與 解　　損 與 益

夬 與 姤　　萃 與 升

困 與 井　　革 與 鼎

震 與 艮　　漸 與 歸妹

豐 與 旅　　巽 與 兌

渙 與 節　　既濟 與 未濟

　　此外，孔氏所謂的「變」，即爻體互易，此陽變彼陰，此陰變彼陽，兩兩互通，來知德《易經來註圖解》稱之爲「錯卦」。六十四卦裡的每一卦皆可找出與其相錯的對卦，共三十二組，情況如下：

乾 與 坤　　姤 與 復

遯 與 臨　　泰 與 否

觀 與 大壯　　夬 與 剝

需 與 晉　　比 與 大有

兌 與 艮　　困 與 賁

大畜 與 萃　　咸 與 損

睽	與	蹇	履	與	謙
中孚	與	小過	漸	與	歸妹
坎	與	離	旅	與	節
屯	與	鼎	蠱	與	隨
革	與	蒙	豐	與	渙
訟	與	明夷	師	與	同人
巽	與	震	豫	與	小畜
家人	與	解	益	與	恆
無妄	與	升	噬嗑	與	井
頤	與	大過	既濟	與	未濟

　　《周易》卦序所顯示的對耦關係，說明六十四卦中，每一卦爻都不斷的于「時」「位」中發生變化。有橫的變化，有縱的變化。橫的變化，象徵空間的變遷，故兩兩相錯。縱的變化，象徵時間的轉移，故互爲反綜。以圓周的循環原理觀之，則相綜的五十六卦以自身中點的軸心，作周圓運動，相鄰成對。而〈乾〉、〈坤〉以下的八個卦，無法成對，則兩兩成雙。六十四卦之宇宙秩序，遂告完成。

三、「周易」一名之循環觀

　　《周易》卦爻辭的底定，大約成於西周初年，其書名首見于《周禮》。據《周禮・太卜》的記載：「太卜掌三易之法，一曰連山，二曰歸藏，三曰周易。」〔註14〕《易》是筮書的通名，周代時取義有三，《連山》以〈艮〉卦爲首，艮爲山；《歸藏》以〈坤〉卦爲首，坤爲地；《周易》以〈乾〉卦爲首，乾爲天。三者皆是對於其首卦意蘊的解釋，故鄭玄《易贊》言：「《連山》者，象萬物之出雲，連連不絕；《歸藏》者，萬物莫不藏於其中；《周易》者，言《易》

〔註14〕賈公彥《疏》曰：「《連山易》其卦以純艮爲首，《歸藏易》以純坤爲首，……《周易》以純乾爲首，乾爲天，天能周匝于四時。」

道周普，無所不備。」鄭氏以為《周易》之命名，取其天道「周遍」，有循環反復的意思。而孔穎達《周易正義》則另有新解，他說：「《周易》稱周，蓋取岐陽之地名……，題周以別於殷。《易緯》云：『因代以題周』是也。」自此，「周易」之名，便有二說。雖然，這兩種說法各有所據，但是卻不互相妨礙。何以見得。周代有卜筮之官，因其為周代筮書，故名《周易》，這是就歷史發展之進程言說的，無可推疑。而《連山》、《歸藏》早佚，長久以來，經學家們多數懷疑此二書乃出于漢人之偽，直到帛書《周易》出土，証明《歸藏》本確實存在過，偽書之說的不可信，始得澄清。〔註15〕既然《歸藏》以〈坤〉卦為首，坤為地，取大地覆蓋萬物、萬物藏于其中之意；那麼以〈乾〉卦為首的《周易》，取意周匝四時、遍行天下，應當也是「周易」一名所欲示人的重要概念。因此，兩者互不違背。

「周」之一義，除鄭氏所說「周遍」外，《小爾雅・廣言》解釋為「周，幣（匝）也」，《廣雅・釋言》上云「周，旋也。」清儒・阮元有《經籍纂詁》於「幣」「旋」之外，又舉以「繞」「環」「復」等義，都有環繞反復之義。如《楚辭・九歌・湘君》：鳥次兮屋上，水周兮堂下。《國語・吳語》：晉師大駭，不出，周軍飾壘。《山海經・海外西經》：女子國在巫咸北，兩女子居水周之。《後漢書・班彪傳》：周以鉤陳之位，衛以嚴更之署。《禮記・玉藻》：周還中規，折還中矩。這些例子再再顯示出「周」字于先秦兩漢典籍中，時為文人所用，當作「旋轉還繞」之意。再看「易」字，許慎《說文解字》云：「易，蜥易、蝘蜓、守宮也，象形。」易，原是指蜥蜴之類的動物，宋・陸佃《埤雅》首先將「易」牽入易學，他說：「蜴善變，《周易》之名，蓋本乎此。」其後，李時珍著《本草綱目》云：「蜴即守宮之類，俗名十二時蟲。《嶺南異物志》言：其首隨十二時變色。」李氏的說法，從物理上著眼，與陸氏不謀而合。清・黃宗炎《周易尋門餘論》更進一步闡釋陸、李二人之說：「易者，取變于蟲，其色一時一變，一日十二時，改變十二色，即今之蜥易也，亦名十二時。因其倏忽變更，借移易、改易之用。易之為文，象其一首四足之形。《周易》卦次，俱一反一正，兩兩相對，每卦六爻，兩卦十二爻，如蜥易之十二時。」陸佃、黃宗炎取蜥錫變化之象，說雖後起，卻不離本義，應可視為其假借義「變易」的源頭。許慎《說文》易字下又引《秘書》云：「日月為易，象陰陽也。」段玉裁注：《秘書》為緯書。緯書是西漢元、成以後興起的一種象術之學，漢代象數《易》即出于此。魏伯陽《參

〔註15〕參于豪亮〈帛書周易〉一文，《文物》，1984 第三期。

同契》一書，承許氏說云：「日月為易，剛柔相當。」虞翻注曰：「字從日下月。」後來說《易》之人，多本此義，因其日往月來，月往日來，時序的變化，盡在其中。不過，考諸金文、甲文，易字下無從月者。以日月陰陽解釋，當是比附「易」字而來。〔註16〕

「周易」一名，論其起源，時代在周，為周代的筮書。可是就其名義言，則「周」與「易」都是含有循環返復、迭相變化等時間性的相關辭彙，正好與《周易》一書講究「時」「位」的內容相互輝映。也許這是《周易》作者于創作之初，為求其兩全而刻意安排的途徑之一。

結　語

《易》之卦爻組織，原是為占筮之用，就其本身而論，只是一些符號的呈顯，無任何深遠的意義可言。八卦之要素：☰、☳、☵、☶、☴、☲、☱、☷，代表宇宙間八個自然現象，開始有了簡單的宇宙經驗對象。在八卦中，「時」與「位」的概念，可以從它的象徵意義及排列方式窺得，但還不十分明顯。到了六十四卦，不僅予以排列定名，而且還環環相扣，形成一個循環反復的宇宙秩序；甚者，每一卦都有它自身的時位變化與圓道觀念，這是其進步的地方。比較起《彖傳》中的時義，它或許只能算是最初、最原始的宇宙秩序觀，構不上是一個完整的體系，但是，它仍有它的意義和價值。若沒有八卦、六十四卦于「時」「位」上的廓約傳統，《彖傳》之時義論，恐怕就要失去其有力的依據了。

第二節　儒學傳統

儒家以孔子為宗師，其思想中之居重要地位者，可以說是「中庸」的精神。《中庸》第二章於論述孔子之言時，曰：「君子之中庸也，君子而時中」，〔註17〕要合乎中庸之道而且恰到好處，「適時」是其關鍵。故孟子讚譽孔子為

〔註16〕段玉裁《說文・注》易字下云：「此雖近理，要非六書之所本，下體亦非月也。」
　　　　胡韞玉〈論易之命名〉、高亨《周易古經通說》皆認為魏伯陽之說，於古無徵，必不可信。高懷民《先秦易學史》說：「以『日月為易，象陰陽也。』解釋「易」字，顯然不是由「易」字的構造上來，而是從《莊子》『易以道陰陽』（天下篇）之義上來。」頁5。
〔註17〕《中庸》一書，馮友蘭《中國哲學史・十四章之八》說：「全篇中言人事部分，

「聖之時者也」，可見「時中」乃儒家之所倡，而推崇中道，始於孔子。以下將就《論語》中有關孔子言「時」與「中」之部分，作進一步的探討。

一、《論語》中之「時」與「中」

孔子的時間觀念，〈子罕〉篇載云：「逝者如斯夫，不捨晝夜。」這句話有兩層意涵：一是慨嘆時間的消逝如流水一去不復返，一是勉勵人應及時努力，把握現有的生命。朱子於此注曰：「天地之化，往者過，來者續，無一息之停，乃道體之本然也。然其可指而易見者，莫如川流，故於此發以示人，欲學者時時省察，而無毫髮之間斷也。」時間的流動，瞬息萬變，「逝者已矣，來者可追」，只有及時把握光陰，才是正途。基於以上的認識，孔子在人、事、物方面，都多有抒發：如〈鄉黨〉云：「山梁雌雉，時哉時哉！」刑疏：「時哉，言雉之飲啄得其時。」孔子於飲食方面也講究宜時，不時不食。其在文化禮制上，亦秉此而行，如〈八佾〉云：「周監于二代，郁郁乎文哉，吾從周。」周之文章備于二代，孔子從周，取隨時之意。又〈子罕〉言：「麻冕，禮也。今也純、儉，吾從眾。拜下，禮也。今拜乎上，泰也。雖違眾，吾從下。」麻冕為緇布冠，以三十升布製做而成，由於細密難織，費時貴重，雖為古禮法，一般人仍以絲代之，孔子認為絲製布確實省約方便，且無損乎禮的內涵，是以從眾人。然按古禮，臣與君行禮，當拜堂於堂下，今人多升堂拜之，未免驕縱怠慢，有違禮的內在精神，此為孔子所不取。這些例文，說明了孔子是一個凡事隨時而處、事實求是的人，所以孟子稱讚他「可以仕則仕，可以止則止，可以久則久，可以速則速。」〔註18〕

而孔子的中庸思想，正是他對於時間的適當掌握所致。要求在行為準則上不偏不倚，成為可資的典範，對一般人來說，確實有其難處。《論語·雍也》云：「子曰：中庸之為德也，其至矣乎！民鮮能久矣。」中庸之德性，雖不容易做到，但也不能就此而畫地自限，不去履踐。所以當冉求對孔子表示「力不足也」時，孔子回曰：「力不足者，中道而廢，今女畫。」〔註19〕可是當有

似為子思原文，即漢《藝文志》中子思二十三之類，言人與宇宙關係，則似後來儒者受孟子哲學影響後所作，即《中庸》之類也。古人篇章流傳，年世既遠，或有錯簡訛亂，為門人後學增益改訂，皆不可免。《中庸》之文，殆初出於子思，其門人後學，續而成之，或絕筆於秦漢之際焉。」有鑑於此，本文僅存而不論。
〔註18〕《孟子·公孫丑上》
〔註19〕《論語·雍也》第二十七。

些人以一生來實現中道，終食之間不違時，如伯夷、叔齊「不降其志，不辱其身」；柳下惠「言中倫，行中慮」；虞仲、夷逸「身中清，廢中權」孔子又不以為然地說：「我則異於是，無可無不可。」〔註20〕在孔子認為，中道是廣闊的，無可限制，只要能符合大的目標與理想，即達到了「中」的原則；因此，不須固著自己於某一事物上。這裡，孔子提出了一個有「經」有「權」的觀點，「無可無不可」既講究普遍性，同時也考慮到特殊性的相關問題，是因時、因地、因人、因物之不同，而採取的不同行為。與後來孟子所倡的「執中用權」，意義十分相近。

就孔子而言，中道、中行是他一生所追求的，但它並不是一成不變的。在必不得已的情況下，還是要在作法上有所改變，他於〈子路〉篇云：「不得中行而與之，必也狂狷乎！狂者進取，狷者有所不為。」狂者、狷者，於某種行為的表現上有偏頗之虞，但在不得行乎中道的同時，這兩種行為算是較有原則可循的。當然，孔子自身並未走向狂狷之路，他最終的目標，仍是行乎中道，不論在任何情況下，都以「無可無不可」的精神去實現。

二、《孟子》中之「時」與「中」

孔子雖沒有提出以「時」作為行為的準則，但是他從心所欲，隨時處中，可為世人模範，孟子才會如此地推崇他，稱他為「聖之時者也」。至於孟子本人，則可說是儒家推崇「時」義的代言人，只要觀察其在政治思想上的主張，便可發現他對「時」所持之論點，《孟子‧梁惠王上》載：

> 不違農時，穀不可勝食也，數罟不入洿池，魚鼈不可勝食也。斧金以時入山林，林木不可勝用也。穀與魚鼈不可勝食，林木不可勝用，是使民養生喪死無憾，王道之始也。

孟子倡仁義王道之治，他認為要使人民生活水平提高，就須先富國裕民，而裕民之法，其實很簡單，只要順著自然的變化，循著一定之理路，依時序處之，則萬事皆可得其宜。《孟子‧梁惠王下》云：

> 齊人伐燕，勝之。宣王問曰：「或謂寡人勿取，或謂寡人取之。以萬乘之國伐萬乘之國，五旬而舉之，人力不至於此，不取，必有天殃，取之何如？」孟子曰：「取之而燕民悅則取之，古之人有行之者，武

〔註20〕見《論語‧微子》第八。

王是也。取之而燕民不悅則勿取，古之人有行之者，文王是也。」

孟子認爲政權的轉移，必須體現天意，必須順從民心。文王之時，已是三分天下而有其二的局勢，可惜時機未至，故有所不取。到了武王，時機已臻于成熟，不僅上順天意還下應人心，因而一舉而有天下。這個例子，說明了隨時而作的處世原則。《孟子・公孫丑上》云：

> 公孫丑曰：「若是，則弟子之惑滋甚，且以文王之德，百年而後崩，猶未洽於天下，武王、周公繼之，然後大行。今言王若易然，則文王不足法與？」曰：「文王何可當也，由湯武至武丁，聖賢之君六七作，天下歸殷久矣，久則難變也。武丁朝諸侯，有天下，猶運之掌也。紂之去武丁未久也，其故家遺俗，流風善政，猶有存者，又有微子微仲、王子比干、箕子膠鬲，皆賢人也，相與輔相之，故久而後失之也。……齊人有言曰：『雖有智慧，不如乘時，雖有鎡基，不如待時。』今時則易然。」

孟子對於時勢的肇機，十分看重。他認爲文王之所以無法一舉而有天下，在於爲時勢格局所限，並非文王不獲民心。而武王之所以可以革命於紂，周公之所以能夠輔相成王，也不表示他們的德性定勝於文王，一切之事，惟有乘勢而起，始可必然易成。孟子於講「時」之際，更注意到「權」的必要，《孟子・萬章上》：

> 萬章問曰：「詩云：『娶妻如之何，必告父母』信斯言也，宜莫如舜，舜之不告而娶，何也？」孟子曰：「告則不得娶。男女居室，人之大倫也。如告，則廢人之大倫，以懟父母，是以不告也。」

娶妻以告父母，乃天經地義之事，舜身爲一國國君，竟背父母而娶，此萬章之惑也。孟子告之以舜的情況特殊，因其父母頑冥不靈，加上曾多次陷害他的緣故，若冒然將娶妻之事告知，恐怕早已背負不孝「無後」的罪名。〔註21〕事情到了必不得已的情況，只有使用權宜之計。〈離婁上〉亦載：

> 淳于髡曰：「男女授受不親，禮與？」孟子曰：「禮也。」曰：「嫂溺則援之以手乎？」曰：「嫂溺不援，是豺狼也。男女授受不親，禮也；嫂溺援之以手，權也。」

《禮記》云：「禮，時爲大。」男女授受不親屬一般禮節，平時宜當遵行，但

〔註21〕《孟子・離婁上》：「不孝有三，無後爲大。舜不告而娶，爲無後也，君子以爲猶告也。」

是若遇特殊之情事（如嫂溺於川），則不可再固守常禮，應該權衡當時的緊急狀態，作一適當的處理（如援之以手），千萬不可於兩者間劃上分明的界線，否則，後果不堪設想。淳于髡不懂「禮」與「權」之間的連帶關係，才有如此的疑問產生。孟子指出，援手不過是權宜之計，若至此危急時分，仍拘於常禮，坐視嫂溺，便是喪心病狂之人，其心與禽獸無。大體而言，孔、孟的思想，「權」就是「中」，「中」就是「權」，兩者並立而存，故《論語·子罕》：「孔子云：可與共學，未可與適道。可與適道，未可與立。可與立，未可與權。」朱子注曰：「權，稱錘也。所以稱物而知輕重也。可與權，謂能權輕重使合義也。」孔子視「中」為無定形之性，「無適也，無莫也，義之與比。」〔註22〕因此，最忌墨首成規，不求變通者。只有融合循理執經的「中」，臨危制變的「權」，才能善守中道。孔子這種「無可無不可」的中道精神，到了孟子，發揮得更為徹底。《孟子·盡心上》云：「道之所貴者中，中之所貴者權。」若執中而無權，則猶不知變通，是亦過與不及之類。所以，他懇切地告戒弟子說：「子莫執中，執中為近之。執中無權，猶執一也。所惡執一者，為其賊道也，舉一廢百也。」〔註23〕由以上之探討，可以看出孟子的「中」，有「中」有「權」，不執於一；換言之，在他的思維層次，已合「時」「中」以為意，是繼孔子之後，時中理念的倡導者。

結　語

從《論語》、《孟子》中之「時」「中」觀念，大概可以得到兩個訊息：一是儒家注重「時」的時效性，故飲食以時、使民以時、革命以時、富民以時，凡因其「時」而置其宜者，事必易成。一是「中」乃依時而存，含有變動的時間性，因此，切不可執守固一，執一則非中道。若能執中而用權，則最為完善。以《象傳》時義之重視「時中」理念看看來，其受孔孟思想影響甚深（人生論部分）。

第三節　道家思想的衝擊

在戰國時代，不僅儒家（孟子）講趨時，當時的兵家、道家、法家亦講趨

〔註22〕見《論語·里仁》第九。
〔註23〕見《孟子·盡心上》。

時，如《管子・宙合》曰：「必周於德，審於時，時德之遇，事之會也。」「時而動，不時而靜。」《管子・白心》曰：「以時爲寶」等。言「時」是當世學術的風潮之一，在《象傳》卦辭、筮法中，剛柔消長、往來承乘的觀念，以及貫穿全篇的時義內容，同戰國審「時」度「勢」的思潮是分不開的。前文，我們已經就《易經》象位傳統、孔孟儒學傳統中的「時」、「位」、「中」等意涵，作過討論。其中發現，儘管《易經》的象位傳統或者儒家的孔孟傳統，都以揭櫫「時」義爲主，然他們對於「時」的定義，仍停留在最初的宇宙現象界，尚未跳脫以人、事、物爲出發的範圍界定。「時」、「位」之眞正落入哲學的領域，實始於《老》、《莊》道家的宇宙論。這點，與《象傳》中的時、位義是比較相近的。以下將就《老》《莊》思想的時中意義，作相關性的探討。

一、《老子》中之時中觀

（一）道

　　《老子》的觀念裡，認爲在天地萬物未始以前，即有一種混沌茫然之體，它統領著宇宙萬物的運形，可是卻摸不著，看不見，無形又無名：

> 視之不見名曰夷，聽之不聞名曰希，搏之不得名曰微，此三者不可致詰，故混而爲一。其上不皦，其下不昧，繩繩不可名，復歸於無物，是謂無狀之狀，無物之象，是謂惚恍。（十四章）

> 道，沖而用之，或不盈，淵兮似萬物之宗。挫其銳，解其紛，和其光，同其塵，湛兮似或存。吾不知誰之子，象帝之先。（四章）

這樣一個先天而有的東西，實在很難以言語來解說，因此《老子》姑且引用他自己的話語，勉強賦予它一個名稱，即「道」：

> 有物混成，先天地生，寂兮寥兮，獨立而不改，周行而不殆，可以爲天下母，吾不知其名，字之曰道，強爲之名曰大，大曰逝，逝曰遠，遠曰反。（二十五章）

「道」既於宇宙萬物之前已經產生，那麼它的內容是如何的呢？《老子》云：

> 道之爲物，惟恍惟惚。惚兮恍兮，其中有象；恍兮惚兮，其中有物；窈兮冥兮，其中有精；其精甚眞，其中有信。（二十一章）

道體於常人眼中「視之不見、聽之不聞、搏之不得，迎之不見其首，隨之不見其後」，好似不存在。然冥冥之中，萬物的生長，大地的覆育，天上日月的

運行，其背後又似有一種主導的力量。因此，說它有或說它無，都無法描述它的存在，只好以「無狀之狀，無物之象」形容之。有了道體的存在，便有了宇宙萬物，故《老子》云：

> 道生一，一生二，二生三，三生萬物。萬物負陰而抱陽，沖氣以爲和。（四十二章）

> 天下萬物生於有，有生於無。（四十章）

這是絕對的，亦即唯一的本體，沒有「道」，便沒有宇宙萬物，人立於宇宙天地之間，應該體會此自然之「道」的運作的原則，時時加以效优，故曰：

> 人法地，地法天，天法道，道法自然。（二十五章）

> 昔之得一者，天得一以清，地得一以寧，神得一以靈，谷得一以盈，

> 萬物得一以生，侯王得一以爲天下貞。（三十九章）

《老子》於此，建立了一套完備的宇宙本體論。「道」是一切物存在的根源，也是一切物存在的始源。它具有無窮的創造力，萬物生生不息的成長過程，即是「道」之潛在力的一種表現。「道生一，一生二，二生三，三生萬物」即是形容「道」創生萬物的過程，《老子》認爲「道」在時序上，先於任何物體，它不受時間和空間的限制，也不會因萬物之生滅變化而有所影響，以此角度觀之，「道」是絕對純然的本體。然若從其孕育萬物的過程「道生之，德畜之，長之，育之，亭之，毒之，養之，覆之」言，〔註24〕則「道」便由形而上落實於物界，作用於人生上，稱之爲「德」。至於「無」和「有」，乃《老子》用來表示「道」體向下落實而產生萬物的過程，它們都是「道」的別名。〔註25〕此外，「道」字也包括「道」的自然義。「自然」一名，《老子》一書有多處言及，如：「悠兮其貴言，功成事遂，百姓皆謂我自然」，〔註26〕「道之尊，德之貴，夫莫之命而常自然」，〔註27〕「是以聖人欲不欲，不貴難得之貨；學不學，復眾人之所過，以輔萬物之然而不敢爲」。〔註28〕《老子》言道是以「自然」爲依歸，可是「道法自然」，卻不能解釋爲「道」出於「自然」，因爲「道」在《老子》認爲，是一絕對純然的本體，玄之又玄，

〔註24〕《老子》五十一章。
〔註25〕參陳鼓應《老子今註今譯》頁 5 至 6。台北：商務，1988，12 版。
〔註26〕《老子》十七章。
〔註27〕《老子》五十一章。
〔註28〕《老子》六十四章。

是為「玄牝」，在它之上，已不復有任何之物的存在。「自然」一義，乃是《老子》欲使人了解道體的作用而起的，《老子》二十三章云：「希言自然。故飄風不終朝，驟雨不終日，孰為此者，天地，天地尚不能久，而況人乎？」天地間的一切，事事多變，難以掌握，可是橫亙於宇宙萬物間，卻有一種恆久不變的「常」，這個「常」即是「自然」，也就是《老子》到所謂的「道」。《韓非子・解老》對於《老子》的「道」，作如下的補充：

> 道者，萬物之所然也，萬理之所稽也。理者，成物之文也；道者，
>
> 萬物之所以成也。……萬物各異理，而道盡萬物之理。

《韓非子》為了說解「道」的內涵，另舉一個「理」字加以映襯之。他認為萬物各有一個「理」，而「理」又各不相同，皆屬「道」體的一小部分；「道」則總括萬物之理，為萬物之本源。由此觀之，《老子》的「道」，即構成宇宙萬物的一個總原理。

（二）反

《老子》的道體，是一絕對的（獨立而不改），也是一循環的（周行），它在運行到某個程度後，便會回歸於本原，故《老子》四十章云：「反者，道之動。」「動」即「運行」，「反」則包含「反復」、「循環交變」之意。〔註29〕所謂「反復」，《老子》云：

> 致虛極，守靜篤，萬物並作，吾以觀復。夫物芸芸，各復歸其根，
>
> 歸根曰靜，是為復命。復命曰常，知常曰明，不知常，妄作凶。（十
>
> 六章）

《老子》形容「道」時，說「道」是「周行而不殆」的。「周」字前文已討論過，是周圓環繞之義，「周行不殆」即意謂著生生不息的循環運動。當萬物的運行，離開「道」體越來越遠時，必遇極而復反，又回歸於「道」。而這裡所言的「復」，同樣也是「周行反復」之意，《老子》認為道體原是一種虛靜的狀態，當人們離開虛靜之地，彼此為了熙熙、昭昭的俗情而蒙蔽其「愚人之心」（純樸真質之心）時，〔註30〕只有反復其虛一淳靜的自然本體，才不會日理繁稽，困擾愈多。〔註31〕此外，「反」的另一個意義為「循環交變」。「變易」

〔註29〕「循環交變」一詞，乃採勞思光《新編中國哲學史・一》之說，頁240，台北；三民，1988，增訂4版。

〔註30〕見《老子》二十章。

〔註31〕《老子》二十八章云：「常德乃足，復歸於樸。」

思想是《老子》一書的主軸，《老子》認爲一切現象都含有「相反相成」的基因；換言之，即每一件事物都是在相反對立下形成的，每一物的性質皆可能轉化成其反面。如：

> 天下皆知美之爲美，斯惡已；皆知善之爲善，斯不善已。故有無相生，難易相成，長短相較，高下相傾，音聲相和，前後相隨。（二章）

> 曲則全，枉則直，窪則盈，敝則新，少則得，多則惑。（二十二章）

> 知其雄，守其雌；知其白，守其黑；知其榮，守其辱。（二十八）

> 故物或行或隨；或歔或吹；或強或羸；或挫或隳（二十九章）

> 明道若昧，進道若退，夷道若纇，上德若谷，大白若辱，廣德若不足，建德若偷，質眞若渝，大方無隅，大器晚成，大音希聲，大象無形，道隱無名。（二十九章）

> 禍兮，福之所倚；福兮，禍之所伏。（五十八章）

宇宙中的各個現象，幾乎無時無刻不在變化，「飄風不終朝，驟雨不終日，孰爲此者？天地，天地尙不能久，而況于人乎？」。〔註32〕因此，這個「動」之觀念的產生，其實是很自然的事。不過，《老子》書中太過強調「物極必反」的結果，使得它在面對任何事情時，都先看到事情本身的反面；爲了避免「物壯則老，不道早已」的憾事發生，〔註33〕常未能卯足全力，便已做好防範的措施，以致貽人消極、不進取之譏。

（三）中

若說《老子》一書裡的「體」是「道」，那麼它的「用」便是「中」。《老子》第四章云：「道沖，而用之或不盈，淵兮似萬物之宗。」「沖」，古字爲「盅」，《說文》云：「盅，器虛也；《老子》曰：『道盅而用之』。」「道」體是中空的，所謂中空，並非是一無所有，而是處在一種虛靜的狀態，無論何時何地，皆如「玄覽」般的照澈萬物；因此它的作用是無窮盡的。《老子》一書裡所言的「中」，大都就「中空」一義來解說。如第五章曰：

> 天地之間，其猶橐籥乎！虛而不屈，動而愈出。多言數窮，不如守中。

「橐籥」即今日所謂的風箱。風箱的特性，在於其橐囊內部是中空的。吳澄《道德眞經注》說：「橐籥，冶鑄所用，噓風熾火之器也。爲函以周罩于外者，

〔註32〕見《老子》二十三章。
〔註33〕見《老子》三十章。

『橐』也；為轄以鼓扇于內者，『籥』也。天地間猶橐籥者，橐象太虛，包含周遍之體；籥象元氣，絪縕流行之用。」《老子》認為，天地之間好似一個風箱，空虛之中卻不會窮竭，甚且越運作則越顯其生生不息的氣象。而在人情俗世裡，與其紛紛擾擾地生活著，不如響往「道」體清靜無為的逸趣。這裡所言的「中」，乃《老子》自謂的「中」，與儒家孔、孟的「中庸」之道，大異其趣。孔、孟的「中」，是就人事方面言說的：只要行事不偏不倚，無過與不及者，便合乎中庸之道；反觀《老子》的「中」，是就形而上的「道」體說的：「中」是中空之謂，猶如一虛靜無為的道體。從中空之義發展出來的另一名詞，就是「無」，有「無」始有「用」，它們的關係是互相依存的：

> 三十輻共一轂，當其無，有車之用；埏埴以為器，當其無，有器之
> 用；鑿戶牖以為室，當其無，有室之用。故有之以為利，無之以為
> 用。（十一）

「無」指的就是中空的地方，《老子》以「無」來說明「道」體的虛靜，也從「無」來落實現象界的「有」，藉此呈顯其無窮無盡的「用」。可見，「中」是「道」體所以能落實的根本關鍵。

二、《莊子》中之時中觀

（一）化

《莊子》同《老子》一樣，都用心於宇宙界，它也認為在宇宙生成以前，有一個「道」的存在：

> 夫道，有情有信，無為無行，可傳而不可受，可得而不可見。自本
> 自根，未有天地，自古以固存。神鬼神帝，生天生地。在太極之先
> 而不為高，在六極之下而不為深，先天地生而不為久，長於上古而
> 不為老。（大宗師）

可是，對於這個「道」體之開始於何時，他認為無法去做一探究，畢竟宇宙是無限之大，在人有限的智識下，豈可真確地予以定奪。〈齊物論〉云：

> 有始也者，有未始有始也者，有未始有夫未始有始也者。有有也者，
> 有未始有無也者，有未始有夫未始有無也者。俄而有無矣，而未知
> 有無之果孰有孰無也。

「道」體的原始無法為人所知悉，同樣的，人也無須及汲汲去探究在人以外一個不可知的宇宙奧密，只要隨心安適於天地之中，便不枉此生。莊子於是

乎有了「化」之觀念的產生。所謂「化」，即隨物之流形，不著痕跡。〈大宗師〉云：「又況萬物之所係，而一化之所待乎！」又說：「通天下一氣耳。」在他認為，宇宙界皆不過為一氣之轉化。正因為天地乃一氣之轉化，生存於宇宙間的人類，自當隨此一流形而「化」。有了「化」的觀念，則無處不是一是，無時不是一是，所行之處，「道」都與之同在，故〈知北遊〉云：

> 東郭子問於莊子曰：「所謂道，惡乎在？」莊子曰：「無所不在。」
> 東郭子曰：「期而後可。」莊子曰：「在螻蟻。」曰：「何其下邪？」
> 曰：「在稊稗。」曰：「何其愈下邪？」曰：「在瓦甓。」曰：「何其
> 愈甚邪？」曰：「在屎溺。」

當人「物化」、「形化」以至「兩忘而化其道」的同時，也就到了「止乎無所化」的境界；如此一來，不僅可以悠遊自得於天地之間，更可乘天地之正，御六氣之辯，遊乎於四海之外，寄以無窮之天理。莊子的「化」，推之於時間性，即是「變易」。〈齊物論〉云：「方生方死，方死方生。方可方不可，方不可方可。因是因非，因非因是。」「方將化，烏知不化；方將不化，烏知已化。」便是形容「化」之瞬間，倏焉忽焉，其中不稍停滯；因此，要乘化，唯有順「時」。〈養生主〉、〈大宗師〉云：

> 方今之時，臣以神遇，而不以目視。官知止而神欲行，依乎天理，
> 批大郤，導大窾，因其固然。……適來，夫子時也；適去，夫子順
> 也。安時而處順，哀樂不能入也。

> 夫得者，時也。失者，順也。安時而處順，哀樂不能入也。此古之
> 所謂懸解也。

〈大宗師〉一文中的論「時」部分，雖與〈養生主〉有所重疊，但也顯示出莊子隨「時」而處的旨趣。乘化之人，通常都無所用心，一切隨時而安之若怡；順物自然而安之若素，因此，能夠依乎天理，行乎從容，得其懸解。由以上看來，《老》《莊》道家言「時」，都是從宇宙界之觀照而來的。

（二）中

《莊子》言「化」，物無分彼，以此放眼宇宙世界，則萬物一體。〈齊物論〉、〈德充符〉云：

> 物固有所然，物固有所可。無物不然，無物不可。恢詭憰怪，道通
> 於一。其分也成也，其成也毀也。凡物無成與毀，復通為一。通也

者得也,適得而幾矣。因是已。

自其異者視之,肝膽楚越也;自其同者視之,萬物皆一也。

引文中所謂的「一」,指天地萬物同於一體,天地萬物既爲一體,則宇宙未始有物;〈齊物論〉云:「未始有物者,至矣盡矣,不可以加矣。」錢穆《莊老通辨》說:「凡稱爲物者,皆是假於異物,託於同體,則此宇宙間,實非確有一物或萬物之存在,故曰未始有物也。」〔註34〕宇宙萬物未有一始,則物與物間,便無各自可以區分而獨立的個別之體的存在;每一物,皆是此宇宙間無限大之中心點,一切物皆爲平等而非相對的圓。莊子於此,提出了他的「環中」觀,〈齊物論〉言:

彼是莫得其偶,謂之道樞。樞始得其環中,以應無窮。是亦一無窮,

非亦一無窮,故曰莫若以明。

環中之「中」字,與《老子》一書中「多言數窮,不如守中」之「中」字,意義相當,都是指「中心空虛,清明無物」。錢澄之曰:「樞,天樞也。天樞居中,斗柄環指,不滯一隅,故曰環中。」圓環無端,不論由何點爲始,左旋右晃,皆會復原其位,而圓環之內,空體無際,可以受軸而運轉不窮。莊子由宇宙萬物的環中之理,體悟到隨成隨應的妙處,轉之寄寓人世:凡事能「敬中」〔註35〕、「養中」,〔註36〕便可心明若鏡,應而不藏,達到至人的最高境界。〔註37〕

結 語

道家哲學與儒家思想的根本不同處,就在於一個以「人」爲中心,一個以「自然」爲中心,因此對「時」與「中」的詮釋,自然也跟著有所差別。《老子》的學說重心是「反者道之動」,在它看來,宇宙界永遠處於一種反復循環、交相變動的運作規律中,推而演之,它的時間觀,是以「變易」爲主軸;而「變易」的用,則是「虛中」。《莊子》主「化」,「化」則趨於流形,其時間觀亦呈顯倏,焉忽焉的「變易」特性,「環中」是它體察時物的法則。二者的

〔註34〕參錢穆《莊老通辨·中卷》頁156,台北:東大圖書公司,1991年,初版。

〔註35〕《莊子·庚桑楚》曰:「備物以將形,藏不虞以生心,敬中以達彼。」

〔註36〕《莊子·人間世》曰:「乘物以遊心,託不得已以養中,至矣。」

〔註37〕《莊子·應帝王》曰:「至人之用心若鏡,不將不迎,應而不藏,故能勝物而不傷。」

「時」「中」觀，都是《象傳》時義思想得以擺脫卜筮階段的束縛，進入哲學
領域的關鍵所在，故于此分析探討，爲下一章預作鋪路。

第四章　《象傳》時義之探討

　　前一章，我們已把《象傳》時義提出之緣由，作一系統的探討。接下來，本章將就《象傳》時義的基本內涵，加以歸納分析。透過作者的哲學思維，來了解《象傳》內容所賦予的時代意義。

第一節　「時」與「位」之相應

一、「時」與「位」之關係

　　首先，在進入本論文的課題前所須釐清的觀念，就是「時」與「位」。所謂時，就是指「時間」；位，就是指「空間」。時與位是宇宙世間萬物變化流通的兩大要素，也是《易》據以建立其思想理論的主要基礎。它們的關係，從六十四卦卦爻之排列情形，即可看出。以〈乾〉卦爲例，其爻位之名稱，由下而上，分別是：初九、九二、九三、九四、九五、上九。大體而言，人們爲了說明一事的相反義，時常以其相對之名來稱呼，如「初」與「終」，「上」與「下」等。然而，這裡卻以「初」、「上」相對並列，顯示了作《易》之人對時、位之關係，有相當敏銳的體認。「初」是開始的意思，屬於時間的流行；「上」是位階的劃分，屬於空間的佈局，至於二、三、四、五，則代表一個連綿發展的歷程。如此一來，整個物事便於時、位的交錯流形中，完完全全地呈顯。由此可見，《易》之對於宇宙間的任何現象，不單單就其發展中的「時」或發展中的「位」來判斷，而是統以時、位合義之全面性的觀照。故二者之關係：時不離位、位不離時。〔註1〕

〔註 1〕請參見高懷民〈周易哲學的時空觀〉一文。(《華岡文科學報》第 16 期，1988，

二、「位」依於「時」

　　時、位之關係，如前所言，二者是相即而不離的。但是若就其流形義看，則「位」可視為於時間河流中的橫斷面之開展。以整個易道為例，〈乾〉、〈坤〉二卦，象徵《易》的兩大流形作用，在其運動變化過程中，〈屯〉、〈蒙〉、〈需〉……至〈既濟〉、〈未濟〉等卦相繼衍生，這意謂著〈乾〉、〈坤〉乃宇宙中的時間洪流，而〈屯〉以下的六十二卦，則為此時間洪流下位相之呈顯（時間之橫面）。同樣地，六十二卦中的每一卦，也可依此模式推演，譬如〈艮〉卦，其卦之六爻：初、二、三、四、五、上，分屬六個不同階段的歷程變化，是空間佈於時間中的位象呈顯，然統而論之，它始終脫離不了整個〈艮〉卦大範圍的時間導向。高懷民先生說：「自〈屯〉以下六十二卦，可以看作是六十二種不同變化流動之『時』，在流行中任一種流行的橫切面，均可展開一個六爻之位；至於乾、坤二卦，原是流行的『道』的大分，當然也可以作如是觀。」〔註2〕很難說明此間的關聯。

三、「時」合「位」義

　　「位」既依「時」而立，則當兩者之間有所衝突時，時間上的考量，往往較之位相上的抉擇來得重要。因為時間的歷程，有其一貫的連續性，不容稍有間斷；而空間的佈局，不如時間之綿延，它是橫面向的開展，可隨時間的變動而移位，影響不如時間的「稍縱即逝」之大，站在以人生行事為指導原則的立場看，時義是勝於位義的。關于此點，高懷民《大易哲學論》以三點說明之：一、無「位」不因「時」，「位」的所在即「時」的所在，一般人的觀念中，可離「位」而思「時」，卻不能離「時」而思「位」，可見「時」在人心目中的影響更大於「位」；二、一個人行事失「位」，尚有移位補救之，但是如果違「時」行事，則時過境遷，已無補於事；三、「時」如大江之東流，而「位」如江水中飄流之什物，故「位」可視為「時」的橫切面的呈現相，在「時」中展開。〔註3〕在《周易》六十四卦、三百八十四爻裡，「時」與「位」雖是一體的兩面，相即而不離，然其對各卦各爻的吉凶論占，仍是以「時」義為首要的判定依據。

　　6月）
〔註2〕同註1。
〔註3〕高懷民《大易哲學論》頁315，1988，再版。

第二節　《彖傳》時義之內涵

　　《彖傳》六十四個釋卦條文中，言及「時」者，有二十一卦之多，其中讚嘆時「大矣哉」的，亦有十二卦，足見作者對於「時」的重要體悟深刻。本節擬以三方面來探討之。

一、創化的宇宙觀

　　《彖傳》之時義，表現在其哲學思維上，最重要且最明顯者，就是〈乾〉、〈坤〉二《彖》。此二卦中，《彖傳》提出了以「乾道」作為萬物發生之本源的宇宙觀點。在它來講，「道」是宇宙萬物的本質，為一流形義；而「創生」萬物，是其流行本性的呈現，順此之意，則乾元、坤元皆在「乾道」中變化。

（一）乾《彖》

　　　　大哉乾元，萬物資始，乃統天。雲行雨施，品物流形，大明終始，
　　　　六位時成，時乘六龍以御天。乾道變化，各正性命。保合太和，乃
　　　　利貞。首出庶物，萬國咸寧。

　　「乾」字，按許慎《說文解字》為：「上出也。」，有「初發」之意。「元」朱子注：「大也、始也。」《彖傳》合「乾」「元」以為「乾元」，有「生之始」義。天，即「乾元」作用的具體象徵，「乃統天」是藉天道來說明「乾元」發始的變化。雲、雨、品物皆有形之物，這裡已開始為乾道的具體變化，王船山云：「天氣行於太虛之中，絪縕流動者，其施於地，以被萬物者，莫著於雨。其言著者，則其輕微周密，於視不見、聽不聞之中，無時不行，無物不施者，可知矣。品物，物類不一而各成其章之謂。流形，理氣流形於形中也。行焉施焉而無所阻，流於品物成形之中而無不貫，亨之至盛者矣。」〔註4〕說明了道體的作用與流形，無所不在。「大明終始，六位時成，時乘六龍以御天。」終始，有「終而復始」之意；六位，指六爻之位，〈乾〉卦以「龍」象之，故又稱六龍之位。孔穎達注曰：「乾之為德大明，曉乎萬物終始之道。始則潛伏，終則飛躍，可潛則潛，可飛則飛，是明達乎終始之道。故六爻之位，依時而成，若其不明終始之道，應潛而飛，應飛而潛，應生而殺，應殺而生，六位不以時而成也。」〔註5〕《彖傳》於此，前明時間的延續，後言時間發生的同

〔註4〕王船山《船山易學・上》頁17，台北：廣文，1981，3版。
〔註5〕孔穎達《周易正義》頁10，台北：藝文（十三經注疏本）

時，空間的位相也已形成，「時」、「位」與品物同在乾道的應合下流轉。「乾道變化，各正性命。」謂乾道之自發生、流形後所起的變化。變化，朱子注：「變者化之漸，化者漸之成。」〔註6〕就乾道而言，「變化」即「生生」之德。性命，朱注：「物所受爲性，天所賦爲命。」〔註7〕品物受乾道之作用而顯現，是出於自然的流形；時間與空間之交錯，同樣是出於自然的流形。《彖傳》作者認爲，「乾道」的變化，在顯現各個品物之「性命」，而所受之性命，雖有先天上的差別，然因依時而成，各得其位，故能乘性命之「正」。「保合太和，乃利貞。」太和，朱注：「陰陽會合沖和之氣也。」此言乾道下貫於物，各正「性命」之時，復又保其渾圓太合之氣，使萬物合而不遠離，通而不阻隔，聚而不渙散，同中有異、異中有同，致融合渾然太和之境。「首出庶物，萬國咸寧」意謂由乾道統領宇宙萬象，則天下皆得安寧。

　　《彖傳》首卦中，以「乾道」的作用爲起始，展開一個生生變化的思維過程，主要之目的，在於爲《易》建立一套屬於儒家自己的形上哲學。在此之前，中國思想之偏重於宇宙論的，只有道家。《老子》對於萬物之生成，持此看法：「道生之，德畜之，物形之，勢成之。是以萬物莫不尊道而貴德。道之尊，德之貴，夫莫之命而常自然。故道生之，德畜之；長之、育之、亭之、毒之、養之、覆之。生而不有，爲而不恃，長而不宰。是謂玄德。」，〔註8〕宇宙萬物由「道」生之，「道」又往下落實於現象界（德），萬物據此自性（德）而獨立發展存在；藉由周遭環境的蘊育，各物自然生長。「道」在《老子》書中，是一個創造萬物但並不具佔有意欲的造物主，所以整個「道」的創作過成「不有」、「不恃」、「不宰」，它是完完全全自然的，而萬物之生成，也是不假外力的完成。反觀《彖傳》的「乾道」，它不但創化了天地萬物，甚至統領著整個宇宙的變化流形，賦予萬物各自獨立的品性，使其秩序和諧自然，人人生活安樂平和。相較之下，《老子》「道」的無爲消極正突顯《彖傳》「乾道」的有爲積極，這大概是《彖傳》作者在因襲了道家宇宙觀點後，亟欲彌補其「道」之偏頗而立說的。

（二）坤《彖》

　　至哉坤元，萬物資生，乃順承天。坤厚載物，德合無疆；含弘光大，

〔註6〕 朱熹《周易本義》頁5至6，台北：五洲（影印國子監刊本）
〔註7〕 同註6。
〔註8〕 《老子》第五十一章。

> 品物咸亨。牝馬地類，行地無疆。柔順利貞，君子攸行。先迷失道，
> 後順得常。西南得朋，乃與類行；東北喪朋，乃終有慶。安貞之吉，
> 應地無疆。

「坤元」同「乾元」一樣，皆是《象傳》作者用以說明「乾道」的兩個大作用，惟「乾元」是宇宙萬物創化之始，「坤元」則是萬物藉其賴以生長之始。「萬物資生，乃順承天。」資，孔穎達注：「取也。」生，朱子注：「形之始也」意思是萬物賴其生長，有順天載物之德。「坤厚載物，德合無疆。」坤之爲物，乃取象於地；而地之大，可以持載萬物、孕育萬物，因此坤之德性，廣遠弗屆。「含弘光大，品物咸亨。」程子《易傳》解釋說：「以含弘光大四者形容坤道，猶乾之剛健中正純粹也。含，包容也；弘，寬裕也；光，昭明也；大，博厚也。」此處《象傳》作者爲了避免讓人誤以爲「坤元」之作用不如「乾元」，故特別舉了四種德性，說明「坤元」的作用。「乾元」使萬物個正其性命，「坤元」則使品類各自亨通，因此就其功用言，並無二致。「牝馬地類，行地無疆」牝馬，有順健之德，王船山云：「馬之行健，本乾之象。牝秉陰柔之性，則與地爲類。地順承天，則天氣施於地之中，如牝馬雖陰而健行，周乎四方。」〔註 9〕能以柔順爲德，則可如牝馬之周行天下。這是《象傳》對於「坤元」之作用的看法。

　　就《象傳》而言，宇宙萬物之所以生生不已，固然有「乾道」的大用在，可是當其開始於宇宙中運作時，則「乾」主創生，「坤」主凝聚，創生即賦予生機，凝聚即成其形體。王船山云：「陰非陽，無以始，而陽藉陰之材，以生萬物，形即成而性即麗焉。相配而合，方始而方生，坤之元所以與乾同也。至者，德其厚而盡其理者之謂，乃其所以成至哉之美者，惟純乎柔，順天所始，而即生之無違也。」說的即是乾元、坤元相違不離，即生即形的微妙關係。《象傳》此文，須配合前例之〈乾〉卦象辭來看，作者認爲「乾道」有創生之德，有載育之功，創生之德在「乾元」，載育之功在「坤元」，二者就其流形義言，皆是「乾道」的兩個大作用（品物流形、品物咸亨）；可是若就其分別義言，則創生之時在前（萬物資始，乃統天），載育之時在後（萬物資生，乃順承天）。故「地承天施」是宇宙生成的不變法則。

（三）乾坤中之「時」、「位」義

乾卦、坤卦之釋文，是《象傳》宇宙論思想的主要內容：在乾象中，作

者藉「乾元」來說明萬物生生的發始過程；在坤象中，作者以「坤元」來表現萬物形成的順承之德。就二者於時、位上的表現看，乾卦所言，是一個「時間」的流動過程。物由「乾元」開始，經雲行雨降之滋育而漸具其形，時、空的交錯也在「乾元」的作用下進行著。這種種的程序，都是在乾道的變化中開展。乾道於此間的大用，簡言之，即是「創化」。「創化」一詞，不僅有「萬物資始」的時間意義，而且也有「所過者化」的空間內涵。時、位的關係，於乾道中的表現即「六位時成」位因時成、時中有位，兩者爲「一體不可分之性」。〔註10〕至於坤卦所言，屬於「空間」的凝聚過成。物雖由「乾元」生發而有，但此生命仍是一流形之物，尚未完全落實具成，惟靠「坤元」的持載含養，凝聚以成，始得「品物咸亨」。乾道於此間的作用是「順承」，順承天施。「順承」亦有其時、位性，「萬物資生，乃順承天」是「坤元」於時間上的顯現，「乾元」始動，其時在前，「坤元」承繼之，其時在後；「坤厚載物，德合無疆」，則是「坤元」於空間上的具體形象，地以博大之厚德，生養萬物，以成萬物之功。

　　總括來說，乾卦之象辭，有時有位，然其所強調的是一個「創化」的過程，就全卦之卦義言之，「時間」意識勝過「空間」內涵；相對地，坤卦之象辭，亦時、位相間，然它所揭示的是一個「順承」的凝聚，故就全卦言之，「空間」內涵勝於「時間」意識。程石泉先生謂：「易者趣時者也。簡者間也，空間也。乾之用因時間而知，坤之用因空而知。時間顯示創化，空間萬物賦形。」〔註11〕正是此意。

二、變易之宇宙觀

　　王弼《周易略例・明卦適變通爻》云：「夫卦者，時也；爻者，適時之變者也。」《象傳》以釋乾、坤二卦，建立其宇宙論的思想體系後，又復以乾坤以下之六十二卦爲內容，進一步表達他的哲學理念。在《周易》，〈屯〉以下之六十二卦，說的都是宇宙、人生中的諸般百態，不過未成一系統。到了《象傳》，始逐步將宇宙間的萬象，置於時間的洪流中，從其演變發展的過程，稽索出其中的變易法則，一探生命的究竟。在六十二卦裡，《象傳》言及「時」者，除了〈乾〉

〔註10〕「一體不可分之性」係採高懷民先生之說。見《大易哲學論》頁186，1988，再版。

〔註11〕程石泉《易學新探》頁152，台北：文行，1979，初版。

卦的「六位時成」外，另有：〈蒙〉、〈大有〉、〈豫〉、〈隨〉、〈大過〉、〈頤〉、〈遯〉、〈坎〉、〈蹇〉、〈睽〉、〈解〉、〈損〉、〈益〉、〈姤〉、〈升〉、〈革〉、〈艮〉、〈旅〉、〈小過〉、〈豐〉等二十卦。在這些彖辭中，又各有其所重之處：如〈頤〉、〈大過〉、〈解〉、〈革〉四卦，《彖傳》嘆爲「時大矣哉」；〈豫〉、〈隨〉、〈遯〉、〈姤〉、〈旅〉五卦，《彖傳》嘆爲「時義之大矣哉」；〈坎〉、〈睽〉、〈蹇〉，《彖傳》嘆爲「時用大矣哉」，其餘八卦，多以「與時偕行」說之。《彖傳》於此，乃有感「時間」的變動不居，上下無常，因此示人以「唯變所適」。下文將就上述所引列的二十卦中，有關「時」的部分，作一探討。

（一）因時乘變

孔穎達《周易正義》云：「夫立卦之體，各象其時。時有屯夷，事有否泰，故爻來適時，有凶有吉，人生之世，亦復如斯。或逢至世，或遇亂時，出處存身，此道豈小？故曰大矣哉。然時運雖多，大體不出四種者：一者至時，頤養之世也；二者亂時，大過之世也；三者離散之時，解緩之世也；四者改易之時，革變之世也。」〔註12〕這是孔氏根據《彖傳》「時大矣哉」之四卦的所作的解釋，今以「因時乘變」概括之。

1、頤

頤：「貞吉。觀頤，自求口實。」

《彖》曰：頤，貞吉，養正則吉也。觀頤，觀其所養也。自求口實，
觀其自養也。天地養萬物，聖人養賢以及萬民，頤之時大矣哉！

頤，《說文》云：「𦣞，顄也，象形。」段玉裁注：「按鄭意謂口下爲車，口上爲輔，合口、車、輔三者爲頤。」高鴻縉《中國字例》解釋說：「按𦣞即俗所稱下巴。下巴動而向上，則嚼物以養人，故謂之頤養。」故釋卦名之義爲「養」。「養」在這裡有二義：一是養人，一是自養，能夠養人及自養，只有在至世，才可能做得到。《彖傳》認爲天地都能以其創生化育之德，含養萬物，那麼身爲萬民之上的國君，也應該負起養民的重任。而養民的首要之務，即是養賢，能以賢人治眾，則眾人必得安養。孔穎達《周易正義》云：「若所養是賢，及自養有節，則是其德盛也；若所養非賢，及自養乖度，則其德惡也。此卦之意，欲使所養得也，不欲所養失也。」〔註13〕《彖傳》於此乎籲聖人適時而

〔註12〕見孔氏《周易正義》〈解〉卦下注文，頁49。台北：藝文（十三經注疏本）
〔註13〕同註12，頁49。

儲備人才，以應不時之需。茲事體大，不容有緩，故稱「時大矣哉」。不過，這裡須附帶一提的是，「養賢」的主張，並非出《象傳》所自創，它是由孟子開始倡導的學說。（參第二章）

2、大過

大過：「棟橈。利有攸往，亨。」

《象傳》曰：大過，大者過也。棟橈，本末弱也。剛過而中，巽而說行，利有攸往，乃亨。大過之時大矣哉。

過，《說文》云：「過，度也。」棟，《說文》：「極也」；橈，《說文》：「曲也」，此卦《象傳》以卦象寓意。本、末分指初六及上六，「剛過而中」謂九二、九三、九四、九五，因四陽逼進，有過度逾越常理之象；然二、五處中，即使過度，也不失其行。「利有攸往，乃亨。」《象傳》認爲當人民遭難時，賴有爲者以拯救之，乃得亨通。此處作者闡發了「興滅國、繼絕世」悲天憫人的胸懷。所謂大過之時，指的就是衰亂之世，當國家社稷有危急存亡時，人民陷身於水深火熱時，有爲之人應當毫不猶豫，挺身而出，力挽狂瀾於不易；即使作爲有違常理，但因事屬正當，且有匡定世局，安撫人心的作用，所以仍可順此而行。在非常之時，有非常之人，〔註14〕作非常之事，〔註15〕是《象傳》此卦所欲強調的。

3、解

解：「利西南，無所往，其來復，吉。有攸往，夙吉。」

《象》曰：解，險以動，動而免乎險，解。解，利西南，往得眾也。其來復，吉，乃得中也。有攸往，夙吉，往有功也。天地解而雷雨作，雷雨作而百果草木皆甲坼，解之時大矣哉！

解，《說文》云：「解，判也，從刀判牛角」有散渙之意。解卦，上卦爲坎，坎爲險；下卦爲震，震爲雷。「動而免乎險」即動而出乎險之外，以解除險難。西南爲坤方，有廣大平易的土地，可養聚眾民；「利西南，往得眾」示難已解除。險難既除，則當修復先王之治，維護綱紀法度，若爲之則宜盡速行動，遲則惡蔽叢生，害隨之來。《象傳》於此，所要闡述的是：當處國家有難之秋，

〔註14〕朱子《周易本義》〈大過〉下：「大過之時，非有大過人之才，不能濟也。」

〔註15〕程子《易傳》〈大過〉下：「大過之時，其事甚大，故贊之曰大矣哉。如立非常之大事，興不世之大功，成絕俗之大德，皆大過之事也。」

須動之以時，解除眾難。難解除了之後，宜竭盡所能，將瀕臨廢滅的王綱法治，重新規劃考量，期合乎先王的中正之道。而且最好能掌握時機，盡快行動，使各項措施都適爲所用，以求事半功倍。這種情況，就好像天地鬱結之氣，突然開展，則雷雨交作，萬物皆得生發，故「解」之時大矣。程子云：「王者，法天道，行寬宥，施恩惠，養育兆民，至於昆蟲草木，乃順解之時，與天地合德也。」〔註16〕說的也是這個意思。

4、革

革：「已日乃孚，元亨，利貞，悔亡。」

《彖》曰：革，水火相息，二女同居，其志不相得，曰革。已日乃孚，革而信之，文明以說，大亨以正。革而當，其悔乃亡。天地革而四時成，湯武革命，順乎天而應乎人，革之時大矣哉！

革，《說文》云：「獸皮治去其毛曰革。革，更也。」革之卦，上爲澤、下爲火，火燃則水乾，水決則火滅，兩性不相爲容，如同二女共居一室，相忌相爭。「已日乃孚，革而信之」孔穎達謂：「夫民情可與習常，難與適變；可與樂成，難與慮始。故革命之初，人未信服，所以即日不孚，已日乃孚也。」〔註17〕按此卦義，革是兩個對立面的排斥；而相排斥的結果，情勢必然改觀。當局勢翻新，人民對改革者產生信心，所有的設施，無不綱舉目張，呈現一片繁榮復甦的景象。是以，改革得當，則無怨無悔。接著又以天道來作論證，它認爲天體的運行，一寒一暑，互相推移、互相排斥，四季因此形成，商湯伐桀、周武伐紂也是因應天意順乎人心，革命成功的史例。這說明了凡是趁順天應人之際，乘時而起，必可改變舊有的風貌，賦予新格局的氣息。

以上四卦，都有一共同點，即：其所面對的，皆國家大事，須權衡應變，乘勢而起。故項安世《周易玩辭》云：「頤、大過、解、革皆大事大變，故曰：『時大矣哉』，欲人之謹之也。」

（二）隨時利用

在《彖傳》十二卦贊時象辭中，有三個卦屬於「時用」者。孔穎達《周易正義》曰：「謂適時之用也，雖居時之難，此事不小而未知以何用之耳。故坎、蹇、睽之時，宜用君子，小人勿用。用險取濟，不可爲常，斟酌得宜，

〔註16〕同註15，〈解〉卦下。
〔註17〕見孔氏《周易正義》〈革〉卦下注文，頁111。

是用時之大。」〔註18〕今以「隨時利用」概括之。

1、坎

坎：「習坎，有孚，維心亨，行有尚。」

《彖》曰：習坎，重險也。水流而不盈，行險而不失其信。維心亨，
乃剛中也。行有尚，往有功也。天險不可升也，地險山川丘陵也。
王公設險以守其國，險之時用大矣哉！

習，朱子云：「重習也。」坎，《說文》曰：「坎，陷也。」坎，上下皆坎，
重疊而成，故稱「習坎」。其卦陽陷陰中，外虛而中實，「剛中」之象。按此
卦義，當崖岸愈是險峻，澗谷愈是泄漏，則急湍深水，日夜不滯，以河道低
陷之故。如此險難之境，人若能諳知水之險性，再行走其間，必可安然渡過，
往而有功。就好像天之為險，懸邈深遠，高不可升，可是正因為它有高不可
升之險，才能保其尊威神秘之貌；大地以山川丘陵以為險，使地所覆載之物，
得保其全；王公諸侯，設置城池峻河之險，以此保禦國家，安邦社稷。天下
莫不有險，只要隨時而用，必可化險為夷，功成業就，故時用大矣哉。這裡，
《彖傳》以「相反相成」的原理，來說明愈是險阻之事，愈是有其大作用，
當人們知所防備的時候，也就是其通過險阻的時候。其險阻越大，其功名就
越高，此道理與《老子》所謂的「反者道之動」不無相似之處。《老子》認
為一切現象，都是在相反對立面的狀態下形成的，如有無相生，難易相成，
長短相形，高下相傾，可是因「相反相成」的作用，使得事物有了轉化的力
量，故「福兮禍之所倚，禍兮福之所伏」〔註19〕、「物或損之而益，或益之
而損。」〔註20〕《彖傳》中之「時用」三卦，皆可在此原理下作一疏解。

2、睽

睽：「小事吉。」

《彖》曰：睽，火動而上，澤動而下；二女同居，其志不同行。說
而麗乎明，柔進而上行，得中而應乎剛；是以小事吉。天地睽，而
其事同也；男女睽，而其志通也；萬物睽，而其事類也。睽之時用
大矣哉！

〔註18〕同註12。
〔註19〕《老子》第五十八章。
〔註20〕《老子》第二章。

睽，《說文》云：「睽，目不相聽也。」段玉裁注：「聽，猶順也。」睽，離上兌下，有「火動於上，澤動於下」之象；又如二女同居一室，其行相悖一般。「柔上進而上行，得中而應乎剛」指的是六五爻，六五爻爲陰爻，依易例，陰稱「小」，故曰「小事吉」。張惠言《虞氏易》云：「陰陽不睽，不足以成物；男女不違，不足以際會。準繩規矩，睽其施也；殺生刑德，睽其治也。睽者所以同而異，則睽道也，其失則乖；乖也者，不交也，不交也者，不正也。」按此卦義，《彖傳》所欲揭示的意涵，承前〈坎〉卦。它認爲一事之存在，即有其對立性的兩面，然此對立面並非悖離不通，而正因爲其性乖違，始能產生作用。這種辯證的思維，以道家最成系統。事實上，在道家之前，相反相生的觀念已漸具雛形，如《左傳》：「一氣、二體、三類、四物、五聲、六律、七音、八風、九歌，以相成也。清濁、小大、短長、疾徐、哀樂、剛柔、遲速、高下、出入、周疏，以相繼也。」〔註21〕晏子以樂曲音節的相異性，比喻人事「同中有異，異中有同」的道理。因此，處〈睽〉卦之際，應體察對立的事物，既有排斥的一面，也有相合的一面，絕不可因志不同而相忌相爭。

3、蹇

蹇：「利西南，不利東北。利見大人，貞吉。」

《彖》曰：蹇，難也，險在前也；見險而能止，知矣哉！蹇利西南，往得中也。不利東北，其道窮也。利見大人，往有功也。當位貞吉，以正邦也。蹇之時用大矣哉！

蹇，朱子云：「足不能進，行之難也」。蹇卦，坎上艮下，其象如「險在前也」，見險在前而能止動，是智者的表現。西南，坤方也，其地平易不陂，利眾民前往歸順；而東北，坎艮之方，高山地險，不利於前往歸順。「利見大人，往有功也」六二爻上應九五，言到平易之地，險難始除。「當位貞吉」指九五爻位乎上卦中正之位，可居難守正，民安國泰。按此卦義，乃說明當處於險難之境時，先勿灰心，視險之輕重程度，適而可止；能夠停止冒險，便是智者。智者會權衡世局，作一有利自己的選擇，不會再次誤入險境。當他到達平易之地後，那兒有大人鎮守邦國，故險難不再，可以開始新的生活。《彖傳》認爲，世事常不能如人所願，當遭遇險阻時，不須懊惱頓足，也不用莽撞行事，只有冷靜思考，適時停止不利於己的冒險的行動，隨時選擇一條有利自己的

〔註21〕見《左傳》昭公二十年。

方向前進，那麼，不僅可以絕處逢生，還可因自己的抉擇正確無誤，來到大人鎮守的地方，安養終年。可見其「時用」之大。

項安世《周易玩辭》云：「坎、睽、蹇，皆非美事，而聖人時有用之。故曰時之用大矣哉！」〈坎〉、〈睽〉、〈蹇〉三卦，都有險難當前，形勢對立的情況。一般人遇此狀況，方寸早已大亂，加上深陷險中，更是無法自拔。《彖傳》於此明示其有時之大「用」，正是欲人棄其固有的消極觀念。它認為凡宇宙間所有的一切事物，都有相生相隨、相反相成的兩個對立面，因此一有狀況發生，要以平常心看待之，然後再從中尋繹有利於己的解決之道，隨其「時」而利其「用」，如此不僅可以消弭惡劣的情勢，猶有甚者，還可扭轉乾坤，更入佳境。《彖傳》的積極精神，由此可見。

（三）明時制宜

《彖傳》十二卦贊時象辭中，言及「時義大矣哉」者有五卦。孔穎達《周易正義》云：「言義者，姤卦注（指王弼注）云：『凡言義者，不盡於所見，中有意謂者也。』是其時皆有義也。略明佚樂之世，相隨相遇之日，隱遯羈旅之時，凡五卦，其義不小，則餘卦亦可知也。」〔註22〕今以「明時制宜」概括之。

1、豫

豫：「利建侯行師。」

《彖》曰：豫，剛應而志行，順以動，豫。豫，順以動，故天地如之，而況建侯行師乎！天地以順動，故日月不過而四時不忒；聖人以順動，則刑罰清而民服，豫之時義大矣哉。

豫，朱子曰：「和樂也。」震上坤下，其卦一陽爻，五陰爻，九四與初六相應而群陰隨起，故「順以動」，有和樂之象。李鼎祚《周易集解》引《九家易》云：「建侯，所以興利；行師，所以除害。利興害除，民所豫樂也。」此卦言，天地順從宇宙秩序的和諧，是以日月運行不輟，四季也輪迴更替，無所差遲。聖人體此，亦應順「和樂」之道而行，刑罰清簡，使民從化；形罰得當，則百姓信服。如此，聖王與臣民便可同享於和樂的生活中。《彖傳》此段釋意，承自孟子之學。《孟子》一書，多處談到聖王與民同樂之事。如〈梁惠王上〉載：「孟子見梁惠王，王立於沼上，顧鴻雁麋鹿，曰：『賢者亦樂此乎？』孟子對曰：『……

〔註22〕同註12。

古之人與民偕樂，故能樂也。《湯誓》曰：『時日害喪，予及女偕亡』民欲與之亡，雖有臺池鳥獸，豈能獨樂哉？」又如〈梁惠王下〉載：「齊宣王見孟子於雪宮。王曰：『賢者亦有此樂乎？』孟子對曰：『有人不得，則非其善矣。不得，而非其上者，非也。為民上而不與民同樂者，亦非也。樂民之樂者，民亦樂其樂；憂民之憂者，民亦憂其憂。樂以天下，憂以天下，然而不王者，未之有也。』」孟子認為君王雖貴為一國之尊，但是天下是人民所共有的，能與民同樂同憂，才會獲得人民擁戴，反之，若君王只貪圖自己的享樂，必為人民所棄。此即「水能載舟，亦能覆舟」之謂。《象傳》豫卦所述，與《孟子》文中之意義相當。

2、隨

隨：「元亨，利貞，無咎。」

《象》曰：隨，剛來而下柔，動而說，隨。大亨貞無咎，而天下隨時，隨時之義大矣哉！

隨，《說文》云：「隨，從也。」其卦，兌上震下，有澤從雷動之象，故「動而說」。程子《易傳》云：「君子之道，隨時而動，從宜適變，不可為典。非造道之深，知幾能權者，不能於此也。」「隨時」之義，是儒、道兩家所強調的處事原則：《論語·里仁》曰：「君子之於天下也，無適也，無莫也，義之與比。」無適無莫即「無可無不可」，既不專主，也不偏隅，此乃孔子於「時」所強調的一貫精神。孟子亦是如此，《孟子·公孫丑上》云：「雖有智慧，不如乘時；雖有鎡基，不如待時。」此乃孟子述文王之不取燕民，與武王之取燕民的差別所在。道家《老》《莊》著言「心無所往而應其所變」的辯證思維，也是注重隨時而反、隨時而化的表現。今《象傳》合此二家之學說，參以自身對時的體認，遂有「天下隨時」的贊歎。

3、遯

遯：「亨，小利貞。」

《象》曰：遯，亨，遯而亨也。剛當位而應，與時行也。小利貞，浸而長也。遯之時義大矣哉！

遯，陸德明《經典釋文》云：「匿跡避時，奉身退隱之謂也。」其卦，乾上艮下，有上天籠罩山林之象，應明時退避，故「遯而亨也」。「剛當而應，與時偕行」，剛謂九五爻，其位正當而與六二相乎為應。乾卦九五，有乾健之德，故前往應六二之爻；艮卦六二，有艮止之性，故止乎其位，以待乾來。二者

與時偕行，是其卦義。《論語・泰伯》載孔子言：「篤信好學，死守善道。危邦不入，亂邦不居；天下有道則見，天下無道則隱。」孔子力倡「仁政」，知其不可而為之，然對於危邦、亂邦不可久居之地，仍有其權宜性的主張：該仕則仕，該隱則隱，決不戀棧其位。故孟子盛贊之：「可以仕則仕，可以止則止，可以久則久，可以速則速，孔子也。」〔註23〕《彖傳》中的時義理論受到孔、孟之影響頗深，它在此卦，示人於「時」不僅要因時乘變，隨時利用，更要有明時制宜的體認。一般人對於「時」的掌握，偏向於伺幾而「動」，相反地，在適時而「遯」方面，則難以從行。《彖傳》認為，不論作任何事，或進或退依「時」而處，最為重要。居遯之時，時不我予，應立退而求其隱，韜光養晦，以待來時重新出發，此即孟子所謂「窮則獨善其身」之時。《老子》云：「民之從事，常於幾成而敗之。慎終如始，則無敗事」，〔註24〕這句話，意謂人之從事，一開始總是小心翼翼，伺時而動，掌握每一分可以成功的機會，可是最後仍然功虧一簣。之所以如此，主要在於人只看到「進」的那一面，卻看不到「退」的這一面，以致有所遺憾。《彖傳》得孔孟、《老》《莊》之旨，於此總以明之，期望世人進、退倚「時」，勿作遲疑。

4、姤

姤：「女壯，勿用取女。」

《彖》曰：姤，遇也，柔遇剛也。勿用取女，不可與長也。天地相
遇，品物咸章也。剛遇中正，天下大行也。姤之時義大矣哉！

姤，《說文》云：「遘，遇也」陸德明《經點釋文》曰：「薛云『（姤）古文作遘』，鄭同。」其卦，乾上巽下，有風行天下之象。程子《易傳》云：「天之下者，萬物也；風之行，無不經觸，乃遇之象。」「柔遇剛也」謂初六之爻，遇於九二、九三、九四、九五、上九，「勿用取女，不可與長也」卦施之於人，則是一女遇五男，為壯之至，故勿用娶此女。「天地相遇，品物咸章」以下之句，乃《彖傳》就天地之義言之，所謂天地之大義，即「天地交而萬物通」，天地能夠交遇，品物才得以彰顯，若天地各亢一處，不相交通，則品物何來彰顯。《彖傳》此卦，強調一個全面性的觀照。〈姤〉就卦象言，有女壯之意，勿娶之，以其不可與之長久共處。但若放大至整個宇宙界來看，那麼天地之相遇，則是萬品庶物彰顯生發的時候。前文曾討論過萬物之生成過程，天道

〔註23〕見《孟子・公孫丑上》。
〔註24〕見《老子》第六十四章。

創化萬物，地道載育萬物，只有天地相互交通時，萬物才可能各顯亨通之性命。《彖傳》於此重申天地之大德，意在示人明瞭時間的真正意義。《論語‧八佾》：「子貢欲告朔之餼羊。子曰：『賜也，爾愛其羊，我愛其禮。』」子貢認為告朔之禮，沿襲已久，今人多不知曉其內在含意，以此祭祀祖宗，有名無實，不成敬意，倒不如廢了這項繁文縟節，既可省時又可省事。然就孔子維護禮制傳統之觀點言，廢告朔之禮，即是廢了這個傳統的歷史，其影響之大，豈是屈屈之羊所能彌補的呢？此二人之著眼點，一個短視之，一個長遠之，個中的利害，分然見曉。有鑑於此，《彖傳》特以〈姤〉卦為例，示人於明時制宜之際，須作全面性的考量。

5、旅

旅：「小亨，旅貞吉。」

《彖》曰：旅，小亨，柔得中乎外而順乎剛，止而麗乎明，是以小亨，旅貞吉也。旅之時義大矣哉！

旅，孔穎達《周易正義》曰：「旅者，寄客之名，羈旅之稱。失其本居，而寄它方謂之旅。」其卦，離上艮下。「柔得中乎外而順乎剛」意謂六五得上卦中爻之位，而承上九之陽。「止而麗乎明」即艮、離之象以明其意。依易例，陰稱小，旅以六五爻行於中，是以「小亨」。〈旅〉，在常人眼裡，不過是生活中短暫的休憩，不足掛齒，然於《彖傳》作者看來，則有不同的體會。羈旅之時，停停走走，雖屬平常，但要真正做到動靜之間不離中道，行止之際不失其時，卻是難上加難，非大才之人，無以為之。以上是就個人之行止觀之。若將範圍擴大，宏觀整個宇宙界，則人生中的「旅」，成了時與空交織下的「點」，而每個點所呈顯的，是方生方死、適來適去的流形變化，惟有天地，乃萬物之逆旅，其行恆久而不易。人在天地之中，猶如一葉扁舟，隨其所化，隨時而流，旅之深層寓意，應止於此。故《彖傳》深贊〈旅〉之時義大矣哉！

〈豫〉、〈隨〉、〈遯〉、〈姤〉、〈旅〉等五個彖辭，是作者欲啟示人「明瞭」時間的重要性而作的。〈豫〉卦所言，「和樂」之事；〈隨〉卦所言，「隨時」之事；〈遯〉卦所言，「退隱」之事；〈姤〉卦所言，「相遇」之事；〈旅〉卦所言，「羈旅」之事。這五件事情的「時」義表面，看似簡單易曉，實則內寓深義，難以明知。因此《彖傳》特標以「時義」，強調其所賦予的深層意義。項安世《周易玩辭》云：「豫、隨、遯、姤、旅，皆是淺事而有深意，故曰時義大矣哉！」意即說此。

（四）與時偕行

《彖傳》於贊時十二卦之外，復有〈大有〉、〈損〉、〈益〉、〈升〉、〈艮〉、〈小過〉、〈豐〉等七卦言及「時」（另〈蒙〉卦，將於第三節再作解析）今以「與時偕行」概括之。

1、大有

《彖》曰：大有，柔得尊位大中而上下應之，曰大有。其德剛健而文明，應乎天而時行，是以元亨。

其卦，離上乾下。離為火，其德文明；乾為天，其德剛健，有剛健而文明之象。天體剛健，創化萬物，有生生之德；人應效法天之運行不輟，內修德性，外富以禮，那麼，事事必定燦然明備，物物皆得自如亨通。

2、損

《彖》曰：損，損下益上，其道上行。損而有孚，元吉，無咎，可貞，利有攸往。曷之用，二簋可用享。二簋應有時，損益盈虛，與時偕行。

損，《說文》云：「損，減也」。簋，孔穎達《周易正義》云：「二簋，質薄之器」。其卦，艮上兌下，與〈益〉卦互為反綜。據來知德《易經來註圖解》，〈益〉綜為〈損〉，乃損剛益柔，即損〈益〉卦下卦之震，反而為本卦上卦之艮，故曰：「損上益下」。祭祀以誠心為最。二簋之禮，不可視為典常，須隨時隨地而行。在損之時，即使以二簋這樣質薄的宗器來祭祀，也是可以的。猶應注重的，是它的損、益原則，何時該增，何時該減，都須在其所處時代中改易，不可妄然。《論語·為政》：「子曰：『殷因於夏禮，所損益可知也；周因於殷禮，所損益可知也；其或繼周者，雖百世可知也。』」孔子認為三代的三綱五常，為禮之大者，即使已是陳陳相因，也不可改變。至於其文章制度，則可以適合時代的需要，斟酌損益。再如〈子罕〉所載：「麻冕，禮也。今也純、儉，吾從眾；拜下，禮也。今拜乎上，泰也。雖違眾，吾從下。」孔子重視禮的內在精神更勝於其外在的形式。這就是《彖傳》所說的「應有時，損益有時」的具體例證。而道家思想中，《老子》最是強調「損」的精神。《老子》四十八章云：「為學日益，為道日損。損之又損，以至於無為。」此處說明求學是屬於智識範圍的活動，所以每日新、日日新、又日新；相反地，為「道」則須日日減其情欲文飾，始得見自然的真純樸實。又七十七章所言：「天之道，其猶張弓與？高者抑之，下者舉之；有餘者損之，不足者補之。天之道，損有餘而補不足；人之道，則不然，

損不足以奉有餘，孰能有餘以奉天下，唯有道者。」這是贊揚天體能以自然之道來增革損益。故《象傳》曰：「損益盈虛，與時偕行。」

3、益

《彖》曰：益，損上益下，民悅無疆；自上下下，其道大光。利有攸往，木道乃行。益動而巽，日進無疆；天施地生，其益無方。凡益之道，與時偕行。

益，朱子云：「益，增益也。」其卦，巽上震下。來知德《易經來註圖解》云：損卦下卦爲兌，兌爲柔卦；上卦爲艮，艮爲剛卦。損綜爲益，乃損上卦之艮，益下卦而爲震，故曰：「損上益下」。「自上下下，其道大光」指的是九五之爻，其位中正有慶，所往無有不利，故「利有攸往」。巽象爲風，震德爲動，風行雷上，有雷霆萬鈞之勢，故「日進無疆」。天道有創化之德，地道有載育之功，天施地生，則見萬物生發、蓬勃。天施氣於地，地受氣而生，損上益下之道在「化」，人視而不可見，故「益道無方」。《象傳》此卦，須與〈損〉卦同參。它認爲凡是順自然之造化，不恃強求，增革損益，倚時爲方。王弼《周易注》云：「自然之質，各有定分，短者不爲不足，長者不爲有餘，損益將何加焉？非道之常，故必與時偕行。」正可爲此作一註腳。

4、升

《彖》曰：柔以時升。巽而順，剛中而應，是以大亨。用見大人，勿恤，有慶也。南征吉，志行也。

升，程子《易傳》云：「升者，進而上也。」其卦，坤上巽下。坤象爲地，巽象爲木，合此二意，則有「地中生木」向上發展的趨勢。「柔以時升」意謂六五之爻以陰柔之質，升至尊貴之位。若不得「時」，則不得升；因其得「時」，故得升。

5、艮

《彖》曰：止也。時止則止，時行則行，動靜不失其時，其道光明。艮其止，止其所也；上下敵應，不相與也；是以不獲其身，行其庭不見其人，無咎也。

艮，王弼《周易注》云：「艮者，止而不相交通。」其卦，艮上艮下。艮爲山，有止之象。此處「時止則止，時行則行」語出《孟子》。《孟子‧公孫丑》曰：「可以仕則仕，可以止則止，可以久則久，可以速則速，孔子也。」能夠止

乎所止，行乎所行，就能動靜不失其時，動靜不失其，便可掌握時間、運用時間，故「其道光明」。《象傳》此卦，「止」有二義，除了上所說止於「時」外，另一個意義是止於「位」。《論語‧泰伯》:「子曰:『不在其位，不謀其政。』」是孔子於政治上的正位主張。《孟子‧滕文公》曰:「居天下之廣居，立天下之正位，行天下之大道。」是孟子的正位觀念。所謂「正」，即是知止的表現。人人知止，則事事適得其宜;事事得宜，則動靜不失其時，故曰「止其所也」。

6、豐

> 《彖》曰:豐，大也。明以動，故豐。王假之，尚大也。勿憂，宜
> 日中，宜照天下也。日中則昃，月盈則食。天地盈虛，與時消息，
> 而況於人乎!況於鬼神乎!

豐，《說文》云:「豐，豆之豐滿者也」其卦，震上離下。震德爲動，離德爲明，故「明以動，豐」。「王假之」謂祭祀之事盛大，君王親臨主持。「勿憂，宜日中，宜照天下」言君王之德，如同日正當中，光芒廣被天下。「日中則昃」以下之句，意謂雖然君王的光芒，廣被眾民，可是盛大之時，不可能長久存在。日過中則會西斜，月盈滿則會缺損，這是宇宙間所有萬物變化的動律。天地尚且如此(與時消息)，更何況是人及鬼神呢?《象傳》此卦，同《老子》的思想極爲類似。《老子》二十三章云:「飄風不終朝，驟雨不終日。孰爲此者?天地。天地尚不能久，而況於人乎?」這裡，它們都認爲萬物是處在一個變動不居的宇宙間，無時無刻不在變化，因而有了「與時消息」的主張。

7、小過

> 《彖》曰:小過，小者過而亨也。過以利貞，與時行也。柔得中，
> 是以小事吉也。剛失位而不中，是以不可大事也。有飛鳥遺之音，
> 不宜上宜下，大吉，上逆而下順也。

小過，《說文》云:「過，度也」小，陰稱小，小過即陰爻過盛之意。其卦，震上艮下。震象爲雷，艮象爲山，山上有雷，其聲不大，有小而逾越常度之象。「柔得中」指六二及六五爻。陰稱小，故稱「小事吉」。此卦，小有過，卻得到利貞之占，可見其乃因應得宜，與時偕行的緣故。

在「與時偕行」的七個例文中，《象傳》並沒有像前贊時十二卦中，那樣大費周章地談論對「時」的啟示。不過，這七卦彖辭裡，仍可看出它對於「時」所持有的理論基礎。「天地盈虛、與時偕行」即是它觀察宇宙萬象的變動之後，所得到的一個體認。

三、循環之宇宙觀

循環的宇宙觀，是《象傳》繼變易的時間觀之後，所尋繹出的一項不易法則。作者認爲，天地萬物雖於六虛中不斷地交相迭起，變動不居；然而變易的過程，並非亂無彰法，其仍可藉由於宇宙中所彰顯出來的現象，尋繹出律動的軌跡。《象傳》的循環理念，以〈復〉、〈恆〉二卦，最爲可觀。

（一）生生之德

復：「亨，出入無疾，朋來無咎；反復其道，七日來復，利有攸往。」

《彖》曰：復亨，剛反。動而以順行，是以出入無疾，朋來無咎。反復其道，七日來復，天行也。利有攸往，剛長也。復其見天地之心。

復，王弼《周易注》云：「復，反本之謂也」其卦，坤上震下。剛反，指初九之交。坤德爲順，震德爲動；震動而順行，即出入無疾、朋來無咎之象。七日，孔穎達《周易正義》引褚、莊二氏云：「五月一陰生，至十月一陽生，凡七月。而云七日，不云月者，欲見陽長須速，故變月言日」泛指時間不遠之意。七日來復，如同天道之運行，消長虛盈，相因相陳。「復其見天地之心」，王弼《周易注》云：「天地以本爲心者也。凡動息則靜，靜非對動者也；語息則默，默非對語者也。然則天地雖大，富有萬物，雷動風行，運化萬變，寂然至無是其本矣。故動息地中，乃天地之心見也。」王氏之說，可視爲是道家宇宙論的發揮。《象傳》此卦，乃是對於萬物變動、盈虛、消長之反復運作的過程，所得到的一種觀照。它認爲，世間事物在運動變化的過程中，都會依著其盈虛、消長，而回復到最初的起點，而這種反復運作的現象，莫過於從天地生生不息的循環律動中去體驗。「復」的觀念，也是道家思想中的基礎理論，《老子》十六章云：「萬物並作，吾以觀復。夫物芸芸，各復歸其根。歸根曰『靜』，是謂『復命』。」二十五章亦曰：「有物混成，先天地生。……強字之曰『道』，強爲之名曰『大』。大曰逝，逝曰遠，遠曰反。」《老子》從萬物生機蓬勃的成長過程中，看出了其背後循環反復的道理。在它認爲，天地萬物，千般百態，但是最後終究要回復到其自身的根本上，而根本之道，就在「虛、靜」中顯現。它所謂的「復」，是回復到純然質樸的靜止狀態，所以，它的道體是無爲的，是自然的。反觀《象傳》之「復」，是回復到「天地的本心」，所謂天地的本心，即化育萬物之心。《象傳》認爲天地的生機，未嘗止息過：當萬物生長繁盛時，它隱而不現，可是當生機快收束時，它又來

復，整個宇宙的變化，毋寧說是天地化育載的結果。天地變化則生機盎然，朝氣橫生，而機趣橫生時，亦即可見天地之心。《彖傳》的道體，是機動的，是妙趣的，程子《易傳》言：「先儒皆以靜爲見天地之心，蓋不知動之端乃天地之心也。非知道者，孰能識之。」正說明了儒、道之間思想上的分際。與《老子》「有見於屈，無見於信」相較，《彖傳》可謂「有見於信，無見其屈」。

（二）原始反終

> 恆：「亨，無咎，利貞，利有攸往。」

> 《彖》：恆，久也。剛上而柔下，雷風相與，巽而動，剛柔皆應，恆。恆，亨，無咎，利貞，久於其道也。天地之道，恆久而不已也。利有攸往，終則有始也。日月得天而能久照，四時變化而能久成，聖人久於其道而天下化成。觀其所恆，而天地萬物之情可見矣。

恆，《說文》云：「恆，常也。」其卦，震上巽下。震象爲雷，巽象爲風。剛謂九四爻（原爲乾初九），柔謂初六（原坤初六），故曰「剛上而柔下」。雷風相與，指卦之六爻皆相互爲應。六爻皆應，則見天地之交通，是能久於其道之謂。此卦乃《彖傳》作者於天地萬物之變動，反復其道後，所發之體認。它認爲，在變動的律規中，不斷循環反復的結果，便具有亙古不易的常德，這個常德就稱爲「恆」。天地之道，長久運行的現象，可以日往月來、月往日來；寒往暑來、暑往寒來等季節性的變動中觀察。變易的同時，恆道也逐步形成。《彖傳》此卦，意在補充〈復〉卦反復變動的時間性，天地雖然賦予萬物各自發展的空間，但是總還得有個恆久不易的常體，作爲遵行的原則，否則天地間的萬物，將無所措其手足。聖人既知天地恆久之道，則當法此大則，堅守不懈，以完成教化天下臣民百姓的艱鉅任務。

結 語

從《彖傳》的宇宙觀念中，可以歸納出它對於「時」的三種看法：一、時間於道體創化的過程中顯現，二、時間於天地萬物的變易中顯現，三、時間於天地恆久反復的循環中顯現。換言之，《彖傳》中的「時」義，即具有這三種相互交錯而又相違離的深層意義。

在創化的宇宙觀念中，《彖傳》以「乾」「坤」二元，來代表乾道變化的兩大作用：「乾」掌創生，「坤」主化育。其先後次序爲「乾」始「坤」成，

故就時間意義言,「乾」之時義盛於「坤」;然若就空間意識言,「乾」流於形,「坤」形已成,故「坤」之位盛於「乾」。〈乾〉、〈坤〉二卦,是《象傳》宇宙論的理論基本架構。

在變易的宇宙觀念中,《象傳》以二十卦來說明「時」義的重要。歸納其旨,可分為四:一、因時乘變:〈頤〉、〈大過〉、〈解〉、〈革〉,皆大事大變之時。二、隨時利用:〈坎〉、〈睽〉、〈蹇〉,皆險難之時。三、明時制宜:〈豫〉、〈隨〉、〈遯〉、〈姤〉、〈旅〉,皆寓時之深旨。四、與時偕行:〈大有〉、〈損〉、〈益〉、〈升〉、〈艮〉、〈小過〉、〈豐〉,皆動靜不失其時。這些卦例,是《象傳》宇宙論思想的主要重心。

在循環的宇宙觀念中,《象傳》再以〈復〉、〈恆〉二卦,為其理論作一全面性的觀照。由〈復〉卦的反復運作中,見天地萬物的本心;復由〈恆〉卦的終則有始中,體察天地之道的恆久不易。二者為《象傳》宇宙思想的完成。

第三節　時義之掌握──執守中道

一、《象傳》「時中」的兩個觀念

惠棟《讀經解本·卷一》云:「易道深矣,一言以蔽之,曰時中。」,惠氏的確言簡意賅地將《易》的特色,一語道出。在《象傳》裡,明言「中」字者,共有三十六卦。今將之羅列於下:

蒙:以亨行時中也。（九二）

需:以正中也。（九五）

訟:剛來而得中也。（九二）

師:剛中而應。（九二）

比:以剛中也。（九五）

小畜:剛中而志行（九五、九二）

履:剛中正。（九五）

同人:柔得位得中,中正而應。（九五、六二）

大有:柔得尊位大中。（六五）

臨:剛中而應。（九二）

觀:中正以觀天下。（九五）

噬嗑：柔得中而上行。（六五）

無妄：剛中而應。（九五）

大過：剛過而中。（九五、九二）

坎：乃以剛中也。（九五、九二）

離：柔離乎中正。（六二、六五）

睽：得中而應乎剛。（六五）

蹇：往得中也。（九五）

解：乃得中也。（九二）

益：中正有慶。（九五）

姤：剛遇中正。（九五、九二）

萃：剛中而應。（九五）

升：剛中而應。（九二）

困：以剛中也。（九五）

井：乃以剛中也。（九五、九二）

鼎：得中而應乎剛。（六二）

漸：剛得中也。（九五）

旅：柔得中乎外。（六五）

巽：剛巽乎中正而志行。（九五、九二）

兌：剛中而柔外。（九五、九二）

渙：王乃在中也。（九五、九二）

節：剛柔分而剛得中。（九五、九二）

中孚：柔在內而剛得中。（九五、九二）

小過：柔得中。（六五、六二）

既濟：柔得中也。（六二）

未濟：柔得中也。（六五）

從以上三十六個言「中」的釋卦例文裡，可以發現「應」與「中」常為《象傳》所援用，藉以說明「中」的重要。事實上，就整部《象傳》之思想內容言，「時中」理念得以成形，「應」與「中」二觀念的運用，居其關鍵。今說明之：

1、應

所謂「應」即是「志應」，意指內、外卦之爻相對應。毛奇齡《推易始末》

卷一云：「初與四，二與五，三與上，其陰陽相抗者曰『敵』，……其陰陽相配者曰『應』。」就卦象的結構言，六爻本有相應之理：初、四居內外卦之下，二、五居內外卦之中，三、上處內外卦之上，其性質相當者，即歸爲一類，如〈乾〉《文言卦》云：「同聲相應，同氣相求，水流濕，火就燥，雲從龍，風從虎。」在《周易》經文時期，「應」的觀念已具雛形，如〈需〉卦上六：「入於穴，有不速之客三人來，敬之，終吉。」（䷄），指上六與初九、九二、九三相應，不過仍屬隱而未發的實物階段。到了《象傳》，「應」的觀念才真正地被運用，而且還拋離了《周易》實物的象位傳統，直以抽象的兩個性質「剛」與「柔」來說明它的特性。將「應」之意蘊，一而提升爲抽象之思維者，始見於《莊子》。《莊子・應帝王》有：「至人之用心若境，不將不盈，應而不藏，故能勝物而不傷。」之句，其中「應」字，說的即是一種超脫俗物人情的羈絆，而與自然同化。《象傳》中之「應」字，當是其觀念的轉移，這種抽象思維的啓發，使得《象傳》得擺脫純粹的卜卦、筮法與原則，進入哲學領域的層次。

至於「應」與時、位間的關係，簡單地說，即時、位是萬物於宇宙中的呈顯，而「應」則是藉由「時」與「位」來彰顯萬物間的相互連繫。高懷民說：「萬物的生而有，一方面是存在，一方面是與他物的關係。『時』與『空』結合著萬物的存在，使之不消滅，而『應』則規範著萬物的行蹤，使之動而有向。我們所以生存的這個大千世界，是倚時時、空而立，然而使這個世界成爲有秩序、有法則，卻是『應』的力量。」〔註25〕《象傳》利用道家宇宙論中「應」的抽象思維，轉而建立在儒、道思想之終極目標：「天人合一」的相感應上，是它深感「時」義之重要的體現。（請參見第三節）

2、中

《周易》在卦象上的「中」，於經文中甚少談及，到了《象傳》，才大加論述。其三十六卦言「中」之例中，就象位傳統言，指的是內外卦的二、五爻，凡居此爻者，即謂之「中」。凡位乎中者，則吉；位乎不中者，則不吉。李光地《周易折中・義例論・卦德》云：「剛、柔、中正、不中正之謂『德』；剛柔各有善、不善。時當用剛，則以剛爲善也；時當用柔，則以柔爲善也。惟『中』與『正』則無有不善者。」可見「中」是人們判定吉凶禍福的依據。

〔註25〕同註3，頁336。

但是若就其深層寓意言，則《象傳》的「中」，並不僅指其表面上，內外卦所呈顯的二、五爻位之中，它所闡述的中，其真正的意涵，實是「時中」。故李光地又言：「然『正』猶不如『中』之善，故程子曰：『正未必中，中則無不正』，六爻當位者，未必皆吉，而二五之中，則吉者獨多，以此故爾。」李氏文中所稱的「中」，即在「時」之「中」，而其所稱的「正」，即在「位」之「中」，兩者雖善，然「正」終究不如「中」來得更為完備，因為「位」的價值，就是在變易的「時」中顯現，失其「時」，則「位」必無所適從。《象傳》思想中之「中」，大抵就第二義（時中）發之。

二、時　中

　　《象傳》宇宙論之「時中」觀念，以〈蒙〉卦為代表。以六十四卦之排列順序論：〈乾〉象言「萬物之始」，〈坤〉象言「萬物之生」，〈屯〉象「剛柔始交而難生，動乎險中」，〈蒙〉象「以亨行時中」，……一直到末卦〈未濟〉「柔得中」，可以想見《象傳》雖然強調時義的重要，但是，「時」要拿捏至恰到好處，則應以「中」為原則。今以〈蒙〉、〈家人〉二卦說明之：

1、蒙

> 蒙：「亨。匪我求童蒙，童蒙求我。初筮告，再三瀆。瀆則不告。利貞。」

> 《象》曰：山下有險，險而止，蒙。蒙亨，以亨行時中也。匪我求童蒙，童蒙求我，志應也。初筮告，以剛中也。再三瀆，瀆則不告，瀆蒙也。蒙以養正，聖功也。

蒙，朱子《周易本義》曰：「蒙，幼稚而蒙昧」，毛奇齡《仲氏易》云：「蒙，蔽也。」其卦，艮上坎下。艮象為山，坎德為險，是「山下有險」，見險而停止，陷於進退兩難之境，故有蒙蔽象。此卦，《象傳》以「中」為行事的原則，能以「中」行，事必亨通。中庸之道，是儒家所重視的，過與不及或偏於一隅，皆不得稱「中」。《論語‧里仁》：「子曰：人之過也，各於其黨，觀過斯知人矣。」朱子引程子注云：「人之過也，各於其類，君子常失於厚，小人常失於薄；君子過於愛，小人過於忍。」〔註26〕又〈先進〉篇：「子貢問師商也孰賢？子曰：師也過，商也不及。」朱子注云：「子張才高意廣，而好為苟難，

〔註26〕朱子《四書集注‧卷二》頁21，台北：世界書局，1985，第28版。

故常過中。子夏篤信謹守，而規模狹隘，故常不及。」〔註27〕這些例子，都是不合儒家所稱的中庸原則，故不為孔子稱許。孔子所稱許的是「無可無不可」的中庸之道，也就是孟子所謂「執權用中」的精神，故「無敵也，無莫也，義之與比」。而道家從道體的空虛言「守中」、「環中」，意欲示人法天則地，隨自然之氣流化之。《彖傳》此處所謂之「時中」，則取二家之意以成其說。《彖傳》認為「中」之觀念，可以從宇宙反復的變動環境中取法：如日月之運行，一交一替；季節的更替，一暑一寒，能依時序的變化，適時行事，必得亨通之道，故曰：「以亨行時中矣」。可是取法之後，還是得用於百姓眾民之身上，故涵養中庸之德，施行於天下，以成聖功。

2、家人

家人：「利女貞」

> 《彖》曰：家人，女正位乎內，男正位乎外，男女正，天地之大義也。家人，有嚴君焉，父母之謂也。父父、子子、兄兄、弟弟、夫夫、婦婦而家道正，正家而天下定矣。

家人，孔穎達《周易正義》云：「明家內之道，正一家之人，故謂之家人。」其卦，巽上離下。王弼《周易注》云：「家人之義，以內為本，故先說女也。」巽象為風，離象為火，毛奇齡《仲氏易》云：「風從火生，火因風發。兩相入而兩無間，如家人然，曰家人。」在古代，男女的分際，一直都是依承男外女內的傳統，如《禮記・內則》所云：「男不言內，女不言外」「禮始於謹，夫婦為宮室。辨外內，男子居外，女子居內。」等。這些規約，是從形式上來定奪的。而《彖傳》此卦，除了有前所述的表面意義外，另可以一大範圍的宇宙觀點宏視之：天地之於萬物，有創生的本能，然乾道變化，各有其性，能盡其性，則能「正其命」，能正其命，則萬物各得其宜，天下太平。以此來衡諸人類社會，若父父、子子、兄兄、弟弟、夫夫、婦婦，能各依其性（雖有生理上先天性別的差異），各正其命，就是「中道」的表現。

若說《彖傳》的宇宙論是以「時」為要務，那麼「時中」將是它行事的準則，若以體用之名稱呼，則時為「體」而中為「用」。兩者的關係，就如同「時」之於「位」，體在而用隨之，朱子說：「中無定體，隨時而在，是乃平常之理也。」〔註28〕此即《彖傳》所以於明「時」之要義後，又復以「時中」

來規約的緣故。

第四節　《象傳》時義之終極目標

一、天、地、人三才並立

　　《象傳》的時義論，雖是以宇宙論爲其理論架構，但它的終極目的並不是要彰顯宇宙的本質及其形成的過程爲何，而是要透過它所建立的一套宇宙體系，來縮短人與天之間實際上的扞隔與距離。在《象傳》釋《周易》六十四卦象辭中，天、地、人三才並立的例文非常之多（參第二章）。天、地、人均爲宇宙萬象之一，而其間的關係卻循序相依，密不可分：乾道統天，天生地旋，萬物形成。《象傳》合天、地、人三者以說之，有一目的，即是提高人的地位。儒家中，孔子最重視「人」，故其學說的重心，也以「仁」爲人的生命內容，孟子繼之。而《象傳》是在孟子之後的一部儒家學說的代表，思想上於《孟子》一書，多所承襲。然而孔孟的學說中，並未載有「天、地、人」三者合義之例，「天地人」三者同列之說，始於《老子》。《老子》二十五章云：「故道大，天大，地大，人亦大。域中有四大，而人居其一焉。人法地，地法天，天法道，道法自然。」《老子》雖是一部講宇宙本體論的要籍，但是它的思想中也有天人合一的內涵，〔註29〕故它理想的社會是使民「甘其食，美其服，安其居，樂其俗，鄰國相望，雞犬之聲相聞，民至老死，不相往來。」〔註30〕因此，從「天、地、人」三才並立一詞之意義看來，它既是儒家的（引而未發），也是道家的（發而未明），《象傳》則合之以成就。

二、天人關係之融合

　　表現在《象傳》思想上天人合一的卦例，如〈泰〉、〈謙〉、〈頤〉、〈豫〉、〈觀〉、〈咸〉、〈恆〉、〈姤〉、〈革〉、〈歸妹〉、〈豐〉、〈節〉等，今舉以〈泰〉、〈咸〉、〈謙〉卦以明之：

　　1、泰

　　　　泰：「小往大來，吉亨。」

〔註29〕錢穆《莊老通辨》頁338，台北：東大，1991，初版。
〔註30〕《老子》八十章。

《彖》：小往大來，吉亨。則是天地交而萬物通也，上下交而其志同
也。內陽而外陰，內健而外順，內君子而外小人，君子道長，小人
道消也。

泰，朱子《周易本義》云：「泰，通也。」其卦，坤上乾下。易例，陰稱小，
陽稱大，「小往大來」即坤之陰氣上揚，乾之陽氣下降。天地交，則是天體創
生之德下降，而地道化成之德上揚，二者交通，品物咸亨。《老子》云：「萬
物復陰而抱陽，充氣以爲和。」亦說天地交感，宇宙萬物間充溢著和暢之氣。
此乃《彖傳》藉由天地之道，推之於人世，欲人人明此交通之大義，上上、
下下和樂交流，使國家社稷之純良風俗，得以久存。〔註31〕

2、咸

咸：「亨，利貞，取女吉。」

《彖》：咸，感也。柔上而剛下，二氣感應以相與，止而說，男下女，
是以亨，利貞，取女吉。天地感而萬物化生，聖人感人心而天下和
平，觀其所感，而天地萬物之情可見矣。

咸，朱子《周易本義》云：「咸，交感也。」其卦，兌上艮下。兌象爲澤，其
性爲柔；艮象爲山，其性爲剛。「柔上而剛下」是上下交感的表現。天地交相
感，所以萬物生發，男女交相感，則夫婦人倫之始得。若君王秉此，與臣民
交相感，推至萬事萬物，天下無有不亨通之理。此《彖傳》引用天地之道，
來證明其與人事之間，是有可連繫之處。

3、謙

謙：「亨，君子有終。」

《彖》：謙亨，天道下濟而光明，地道卑而上行。天道虧盈而益謙，
地道變盈而流謙，鬼神害盈福謙，人道惡盈而好謙。謙尊而光，卑
而不可踰，君子之終也。

謙，朱子《周易本義》云：「謙者，有而不居之意。」其卦，坤上艮下。坤象
爲地，艮象爲山，山在地下，有卑而益謙之象。此卦，《彖傳》以天道之尊，
其光芒卻下萬物，萬物受其惠祐而生。地道多崎嶇不平，山愈高，則其谷壑
愈低險，河山終日流之不竭。鬼神亦降災於焦滿自大者，而賜福予謙卑自養

〔註31〕　此說參考朱維煥《周易經傳象義集解》〈泰〉卦下說，頁91。台北：學生，1986，
　　　　　2版。

者。人之常情，喜好謙善之人，厭惡滿盈之人。總之，保有愈高的德性與智慧的人，一定會奉行此道，終身不踰，說明謙道上至天，下至地，遠至鬼神，近至人們自身，都是可以互通其理的。

結　語

　　《彖傳》之建立一套完整而有系統的宇宙哲學，最終之目的，就是達到天人合一的交融境界。因此，它於天人之際，溝通以「時」，由天候之日月運行、季節寒暑之更替，示人循此法則，與天交通。又復以「中」為依時的準則，「日中則昃，月盈則虧」等自然之現象，提醒人們，守中須及時，否則稍縱即逝。再則，引以天德下貫與地德上升之原理，將人的地位提昇至與宇宙相當之層次，而人也應當儘量發揮天道所賦予自己之性命潛能，好好地轉化運用，並且以之為模範，適時與天地交感流通。那麼天人之間的實質距離，便可就此化解，消之於無形。人們上與天地合其流，天德下與萬物百姓咸亨交通，如此，則宇宙到處呈現一片和諧機趣，這是才是生命的本源。

第五章　結　論

　　從前面幾章的討論看來，《象傳》的「時」義問題，離不開三個大方向：即《周易》的象位傳統、儒家的人生理論以及道家的宇宙哲學。《周易》的象位傳統，可以說是《象傳》據以建立其形上思維的形式架構。在這個象位傳統裡，從傳說中最初的八卦，演繹至兩兩相重的六十四卦，都含有宇宙最初、最原始的「時」、「位」觀念，尤其當六十四卦之間有了宇宙的次第排列後，以〈乾〉為首，以〈未濟〉為終的循環觀念已具芻形；而每一卦與其相錯、反綜的互轉方式，更說明了《周易》之以「變易」為則的理念，是《象傳》時、位所依承的傳統。此外，《周易》一名，狹隘地定義，為周代之筮書；然廣義地說，亦含有「周遍」流行的意義在。總括其間，《周易》經文的象位傳統，是《象傳》形式上的立論根據，《象傳》之釋「時」義，皆以此傳統為例。

　　在卜筮原則的架構中，《象傳》作者復以他自己的哲學觀點，來闡釋其對「時」義的深刻見解。它的「時」義問題，離不開以宇宙論為基礎的思維架構，也離不開以人生論為主的運用原則；換言之，它脫離不了以孔孟儒家與《老》《莊》為理論中心的學說。儒家思想與道家哲學的著眼點原是不相一致的，儒家以人為本，道家以自然為本，一個致力於形而下的經營，一個著力於形而上的運思，《象傳》之所以參以二家的學說，有一個目的，就是融合儒、道之學。《象傳》作者所處的時代已屆戰國末，在那個學術思潮風起雲湧的時代中，儒、道兩家的學說最具代表性，《象傳》作者出自儒門後輩，然對於以宇宙論為中心的道家學說，亦多有採說。主要原因在於《象傳》作者深諳儒、道之立論方向雖悖道而馳，但二家的終極精神卻有其相似處，準此而下，遂以「時」義來連繫儒、道二家，並修正與彌補二家學說的缺憾。以下就儒、

道二家之人生論、宇宙論作一概述：

中國的人生論，溯及本源，可推源於孔子。孔子的畢生精力，可以說大半花費在建立以人為基礎的「仁」學上。所謂仁，《論語‧雍也》云：「夫仁者，己欲立而立人，己欲達而達人，能近取譬，可謂仁之方也。」它包含兩方面：一是成己，一是成物。成己，即自覺的精神，其方法是於現實生活中去實踐；成物，則是在成己之後，仍不斷地持敬修養自己的品德與內涵，以安人、安百姓，終致「天下歸仁焉」。〔註1〕天下歸仁，則萬物與我渾然為體，有如一內在的大千世界。由於「仁」是人之所以為人的精神所在，意義非凡，故孔子剴切地說：「君子無終食之間違仁，造次必於是，顛沛必於是」。〔註2〕在孔子認為，「仁」渾然與萬物同體，即有它先天的超越性、無限性，人如能不斷地自覺地持敬以修，則「我欲仁，斯仁至矣」，〔註3〕就這個意義上講（指其超越性），則以仁為內容的人性，實無異於傳統之所謂的天道，所以孔子自謂：「五十而之天命」。〔註4〕可以說，在孔子的內心深處，也有一天人合一的思想成份，只是他著重在由下而上循序漸進，從精神的局部、低層的實現，逐步擴充為全體性的呈顯。他於〈述而〉篇說：「天生德於予，桓魁其如予何？」又〈憲問〉篇載：「子曰：莫我知也夫，……不怨天，不尤人。下學而上達，知我者，其天乎！」正是將人之生命與天命連繫起來的明證。至於，「性」與「天道」，孔子認為它們要透過下學的工夫，才能有所體悟。是以，他不從這兩方面立論，而繫以落實的具體工夫，只要努力於人事，自覺地實現仁的內在精神，那麼天就在「仁」中。孟子是繼孔子之後，對人性論發揮的最為徹底的儒家代表。孟子人性論中，提倡最力的，就是「性善」說。性善說雖指人之性本善，但心之性，其端甚微，且容易受外物的影響，因此，他對於心，在消極面求其「放心」，勿以小害大；積極面則示人以「養」以「存」。在孟子的觀念裡，「存心養性」是很重要的一環，《孟子‧告子上》云：「故苟得其養，物無不長；苟失其養，無物不消。孔子曰：操則存，舍則亡；出入無時，莫知其鄉，惟心之謂與。」又云：「養其小者為小人，養其大者為大人。」〈盡

〔註1〕《論語‧顏淵》曰：「顏淵問仁。子曰：一日克己復禮為仁。一日克己復禮，天下歸仁焉。為仁由己，而由人乎哉！」

〔註2〕見《論語‧里仁》篇。

〔註3〕見《論語‧述而》篇。

〔註4〕《論語‧為政》曰：「子曰：吾十又五而志於學，三十而立，四十而不惑，五十而知天命，六十而耳順，七十而從心所欲，不踰矩。」

心上〉云：「存其心，養其性，所以事天也。」〈離婁〉云：「君子所以異於人
者，以其存心也。君子以仁存心，以禮存心。」他認爲能夠存心養性，則「知
皆擴而充之，如火之始然，泉之使達。」〔註5〕再一步步擴大，則是「盡心」。
〈盡心〉曰：「盡其心者，知其性也。知其性，則知天矣。存其心，養其性，
所以事天也。殀壽不貳，修身以俟之，所以立命也。」孟子藉由他的存心、
養心以致盡心，同孔子一樣，是爲追求「仁」體的表現；當盡心、知性、知
天的過程，一步步被實現時，則「萬物皆備於我」「上下與天地同流」。〔註6〕
此處孟子並不忌諱孔子所避談的「性」與「天道」，甚者，只要人本著自己的
良心，逐步從盡心、知性的工夫去落實，便可上與天齊。從孔子到孟子，他
們實踐「仁」的過程，有以下學而上達者，有存養其心、盡心知性者，然當
「萬物歸仁」、「萬物皆備於我時」，即是仁體最極致的表現。換句話說，孔子
的下學上達，孟子的盡心知性，都是爲溝通天道與人的工夫與方法。實事上，
他們所欲啓示人的，即每一個的內心世界皆有一個天，而這個「天」，非外力
所能達至，只有由內作起，透過自己的自覺心，即刻體認便可。若是汲汲於
外在去探索天、人的關係，則不僅徒勞無功，還可能「交於物」而無以自拔。
可見在孔孟儒家之學中，並沒有完全摒棄了天道方面的宇宙思想。

　　中國的宇宙論，以道家之思想爲主軸，《老》、《莊》是其代表。在《老子》
的思路中，「道」是宇宙萬物生成的本源，包括天地在內，都是由「道」所生。
因「道」是靜止的、虛空的，人們「視之不見、聽之不聞、搏之不得」，故以
「無」來說明「道」的特性。十四章云：「繩繩不可名，復歸於無物；是謂無
狀之狀，無物之象，是謂惚恍。」雖然人的肉眼無法察覺「道」的存在，但
是它於冥冥之中，仍顯現其無限的作用，二十一章云：「惚兮恍兮，其中有象。
恍兮惚兮，其中有物。窈兮冥兮，其中有精，其精甚貞，其中有信。」「道」
的創生過程，四十章云：「天下萬物生於有，有生於無。」及四十二章所云：
「道生一，一生二，二生三。」因道體下降，以現象界之概念，則「道」稱
爲「有」，稱爲「一」。當「道」由無形無名下降至有形有名的現象界時，它
的過程，也就由全然而趨於分然，五十一章云：「道生之，德畜之，物形之，
勢成之。是以萬物莫不尊道而貴德。道之尊，德之貴，夫莫之命而常自然。
道生之，德畜之，長之、育之、亭之、毒之、養之、覆之，生而不有，爲之

〔註5〕見《孟子·公孫丑》。
〔註6〕見《孟子·盡心》篇。

不恃，長而不宰，是謂玄德。」道體固然無形無名，迎之見其首，隨之不見其尾，然一旦落實於可名可形的現象界之後，它於萬物的作用，卻表現了某種規律性。最明顯的即是「反者道之動」的變化，〔註7〕所謂「反」，在《老子》書中有兩個意涵：一為相反，一為反復。《老子》認為一切現象都是在相反對立下形成，故「有無相生，難易相成，長短相形，高下相傾」，〔註8〕這些對立面的呈顯，並不是相生相斥，而是相反相成的，尤有甚者，是對立面的互相反轉，如「禍兮福之所倚，福兮禍之所伏。」〔註9〕另外，道也有反復循環交變的一面，如「萬物並作，吾以觀復。夫物芸芸，各復歸其根，歸根曰靜，是謂復命」，〔註10〕凡物運動至最後，必然要回歸於大自然初始的樸質狀態，亦即復反於「道」的虛靜、無為。《老子》便是在此基礎下，再建立它的人生論。人生論裡，它示人的處事原則是「抱一」、「食母」，而且要效法大自然的無為及不有的謙卑精神，故「人法地，地法天，天法道，道法自然」。而《莊子》的思想與《老子》有別的地方，在於《老子》有見於宇宙萬物無時無刻，都處在變動的過程中，而變化的規律即「物極必反」，為了防止未來不當的情事發生，它都事先採取防衛的措施「知其白，守其黑」「大成若盈、大巧若拙」等，以此來循繹一條常道。相較之下，莊子則泰然許多。在《莊子》書裡，有一個重要的觀念，就是「化」，莊子認為現實世界中，無有一事一物，不是處在相互對立與相互連繫中，要避免紅塵俗世紛紛擾擾的唯一途徑，即是「忘」與「化」。所謂境由心生，人們如能忘卻一切事的形，就可以與之「化」，故它說：「忘乎物，忘乎天，其名為忘己。」〔註11〕「魚相忘乎江湖，人相忘乎道術。」〔註12〕則入於天。「化」是隨變化而變化之意，有兩層內涵：一是自身之化，一是身外之化。自化，人隨宇宙之變化而變化，見蝴蝶即化自身為蝴蝶，見飛鳥即化身為飛鳥，忘形而與物同化，故亦稱為「物化」。身外之化，則包容整個宇宙界，天地萬物化而為一，與道同體。因此，《莊子》的宇宙思想，實是人內在精神的解放，其最終之目的，就是要與天地精神往來。

〔註7〕《老子》第四十章。
〔註8〕《老子》第二章。
〔註9〕《老子》第五十八章。
〔註10〕《老子》第十六章。
〔註11〕《莊子・天地》篇。
〔註12〕《莊子・大宗師》篇。

　　瞭解儒家人生論與道家宇宙論的內在理路後，再回過頭來析讀《象傳》的時義部分，便可清楚地發現此三者間的關係：在《象傳》的時義內涵中，「創化」、「變易」、「循環」是其思想的重心，作者藉《易》卦的特殊形式，不斷地闡述「時」的流動性與恆久性，這種超越具體實相，亟法自然的宇宙思維，正是道家學說的主流，可見《象傳》於探討時義的內涵，多吸收道家。至於時義的運用原則，則本儒家之傳統，畢竟世間是以人爲尊的，若立論的基礎，完全肇端於形上界，對現實社會反而無視其存在，則恐陷入一種不著邊際的空談；故《象傳》修正了道家只講自然，不求禮教的偏隅，以執守「中道」爲依歸，期能「惟時適變、中之爲用」。當然，《象傳》作者倡行「時」義，不獨重乎「天」，也不獨在乎「人」，他既以天道來說明人道，又復以人道來溝通天道，用意即在「天人合一」的感應上。是以《象傳》時義理論的眞諦，其實就是修正道家的自然哲學，來附合儒家人文思想的宗旨；換言之，即融合儒、道二家學說的精神，進而開展其內在共通的契冥。

參考及引用書目

一、專論

(一) 易經部分 (依時代之先後順序)

1. 《周易注》，魏・王弼、晉・韓康伯，十三經古注本。
2. 《周易略例》，魏・王弼，漢魏叢書本。
3. 《周易正義》，唐・孔穎達，十三經古注本。
4. 《周易音義》，唐・陸德明，經典釋文本。
5. 《周易集解》，唐・李鼎祚，津逮本。
6. 《易童子問》，宋・歐陽修，歐陽文忠集本。
7. 《周易玩辭》，宋・項安世，通志堂本。
8. 《易說》，宋・張載，通志堂本。
9. 《易傳》，宋・程頤，江南書局本。
10. 《周易本義》，宋・朱熹，崇正堂本。
11. 《周易集注》，明・來知德，明萬曆刊本。
12. 《周易內、外傳》，清・王夫之，船山遺書本。
13. 《周易尋門餘論》，清・黃宗炎，四庫全書本。
14. 《周易觀象》，清・李光地，榕村全書本。
15. 《易漢學》，清・惠棟，經訓堂本。
16. 《易章句》，清・焦循，焦氏叢書本。

(二) 今人論著部分 (依姓氏筆劃之先後為序)

1. 《易學哲學史》，朱伯崑，台北：藍燈，1991 出版。

2. 《周易經傳象義闡釋》，朱維煥，台北：學生，1980，初版。

3. 《易學窺餘》，李周龍，台北：文津，1991 初版。

4. 《周易通義》，李鏡池，北京：新華書店，1981 第 1 版；1988 第 4 次印刷。

5. 《周易古經通說》，高亨，台北：洪氏，1977 初版。

6. 《周易大傳今注》，高亨，山東：齊魯書社，1979 第 1 次印刷；1988 第 5 次印刷。

7. 《大易哲學論》，高懷民，台北，1978 初版；1988 再版。

8. 《先秦易學史》，高懷民，台北：文津，1975 初版。

9. 《周易研究論文集》，黃壽祺、張善文合編，北京：師範大師出版社，1987 第 1 版；1988 第 2 次印刷。

10. 《周易與儒道墨》，張立文，台北：東大，1991 初版。

11. 《談易》，戴君仁，台北：開明書局，1961 初版。

12. 《易傳之形成及其思想》，戴璉璋，台北：文津，1989 初版。

13. 《易學新論》，嚴靈峰，台北：正中書局，1969 初版。

二、通　論（依姓氏筆劃之先後為序）

1. 《中國語言學史》，王力，台北：駱駝，1987 初版。

2. 《新譯荀子讀本》，王忠林，台北：三民書局，1972 初版；1985 四版。

3. 《四書集注》，朱熹・宋，台北：世界書局，1985 二十八版。

4. 《左傳會箋》，竹添光鴻編著，台北：明達，1986 初版。

5. 《中國古代哲學史》，胡適，台北：商務印書館，1919 初版；1986 六版。

6. 《中國人性論史》，徐復觀，台北：商務，1969 初版；1988 九版。

7. 《先秦政治思想史》，梁啟超，台北：東大，1980 初版；1987 再版。

8. 《青銅時代》，郭沫若，北京：人民出版社，1982 第 1 次印刷。

9. 《中國古代社會研究》，郭沫若，北京：人民出版社，1982 第 1 次印刷。

10. 《漢書藝文志釋彙編》，陳國慶，台北：木鐸，1983 初版。

11. 《新編中國哲學史・一》，勞思光，台北：三民，1981 初版；1988 增訂四版。

12. 《儒家形上學》，羅光，台北：學生書局，1991 初版。

13. 《史記會注考證》，瀧川龜太郎編著，台北縣：漢京，1983 初版。

14. 《老子》，台北：中華書局，1987 十一版。

15. 《古史辨・三》，台北：藍燈，1987，初版。

三、期刊與論文

（一）期刊（依出刊年月之先後順序）

1. 〈時中〉，楊亮功，孔孟學報，19 期，59 年 4 月。

2. 〈周易彖繫兩傳之形成〉，戶口豐三郎，劉文獻譯，書目季刊，第 5 卷第 4 期，60 年 6 月。

3. 〈周易象傳研究〉，胡自逢，孔孟月刊，第 15 卷第 5 期，66 年 1 月。

4. 〈易學中的「中道」思想〉，高懷民，哲學與文化，第 5 卷第 8 期，67 年 8 月。

5. 〈易經哲學的人類文明之道〉，高懷民，華岡文科學報，第 13 期，70 年 6 月。

6. 〈中道、中和與時中〉，成中英，孔孟月刊，第 21 卷第 12 期，72 年 8 月。

7. 〈中道探微〉，王甦，孔孟學報，第 46 期，72 年 9 月。

8. 〈用中之道〉，王甦，孔孟學報，第 50 期，74 年 9 月。

9. 〈先秦儒家正位思想研究〉，林耀曾，孔孟學報，51 期，75 年 4 月。

10. 〈易經哲學的時中理念〉，曾春海，哲學與文化，15 卷 3 期，77 年 3 月。

11. 〈易經哲學的時空觀〉，高懷民，華岡文科學報，16 期，77 年 5 月。

12. 〈周易之時觀初探〉，黃慶萱，中國學術年刊，10 期，78 年 9 月。

13. 〈周易圓道觀與中國思維（上）〉，劉長林，中華易學，11 卷 3 期，79 年 5 月。

14. 〈周易彖傳論時大矣哉十二卦探義〉，林文欽，孔孟月刊，28 卷 9 期，79 年 5 月。

15. 〈周易圓環觀與中國思維（下）〉，劉長林，中華易學，11 卷 4 期，79 年 6 月。

16. 〈易經「時」之研究〉，陳榮波，東海學報，32 期，80 年 6 月。

17. 〈易學中的時空理論〉，鍾卓光，中華易學，12 卷 10 期，80 年 12 月。

（二）碩士論文

1. 《周易時空觀之研究》，林寶勝，台大哲研所，民國 62 年。

2. 《中庸的易經思想》，金周昌，文化哲研所，民國 71 年。

3. 《易經的中道思想研究》，李志勇，文代哲研所，民國 72 年。